WESTEND

CLAUDIA MENDE

»Wir sind anders, als ihr denkt«

Der arabische Feminismus

WESTEND

Mehr über unsere Autoren und Bücher:
www.westendverlag.de

Die Deutsche Nationalbibliothek verzeichnet diese Publikation in der Deutschen Nationalbibliografie; detaillierte bibliografische Daten sind im Internet über http://dnb.d-nb.de abrufbar.

MIX
Papier | Fördert gute Waldnutzung
FSC® C014889

ISBN: 978-3-86489-463-3
1. Auflage 2024

Umschlaggestaltung: Buchgut, Berlin
Satz: Publikations Atelier, Weiterstadt
Druck und Bindung: Friedrich Pustet GmbH & Co. KG, Gutenbergstr. 8, 93051 Regensburg
Printed in Germany

Inhalt

Einführung

»Wir haben nur Verschleierte gesehen«. Ich saß nach einer Recherche in Amman im Flugzeug auf dem Weg zurück nach Deutschland, als mich das nette ältere Ehepaar ansprach. Die beiden hatten gerade eine Rundreise durch Jordanien, Israel und Palästina gemacht und wollten wissen, was mich in die Region geführt hat. Ich erzählte von Interviews mit Geschäftsfrauen und Menschenrechtsanwältinnen, Politikerinnen und Flüchtlingshelfern. Das Erstaunen war groß bei den beiden. Sie konnten sich nicht vorstellen, dass es solche Frauen in Jordanien gibt.

Nun trugen tatsächlich viele, wenn auch nicht alle der Frauen, mit denen ich gesprochen hatte, den Hijab, das islamische Kopftuch. Doch das hinderte sie nicht daran, ihre Projekte voranzutreiben und ein eigenständiges Leben in der Öffentlichkeit zu führen. Das ungläubige Staunen über meine Recherchen in der Region habe ich öfter geerntet. Ich bekam mehr und mehr den Eindruck, dass der Fokus auf den Schleier und ein ganzes Set von stereotypen Bildern einen genaueren Blick auf die Lebensrealität arabischer Frauen verhindert.

Zu diesen stereotypen Bildern gehört auch das Motiv von der passiven »unterdrückten arabischen Frau«. Es ist richtig, dass arabische Frauen rechtlich und gesellschaftlich diskriminiert sind und es tief sitzende, frauenfeindliche kulturelle Prägungen gibt. In den jährlichen Rankings zur Messung von Geschlechterungleichheit, dem vom World Economic Forum herausgegebenen *Global Gender Gap Report*, liegen fast alle arabischen Länder regelmäßig im letzten

Viertel des Feldes.[1] Bis zur vollständigen Gleichberechtigung ist es noch ein weiter Weg. Das Bild von der »unterdrückten arabischen Frau« ist dennoch Teil eines weit verbreiteten westlichen Missverständnisses. Es ist ein Missverständnis mit langer Tradition, gehört gewissermaßen zur kulturellen Grundausstattung Europas und geht so: Wir, die deutschen, europäischen, US-amerikanischen Frauen, sind emanzipiert und befreit, während unsere arabischen Schwestern bedauernswerte, rechtlose Geschöpfe sind. Arme Opfer ihrer rückständigen, patriarchalen Gesellschaften. Gerade in dieser holzschnittartigen Gegenüberstellung verstellt das Stereotyp den Blick auf eine vielfältige Wirklichkeit. Es gibt zwar Phänomene wie Zwangsehen und sogenannte Ehrenmorde, doch genauso gibt es Bemühungen von Frauen, beides zu verhindern und ein selbstbestimmtes Leben zu führen. Dieses Buch legt den Schwerpunkt darauf, wie arabische Frauen als Akteurinnen ihre Gesellschaften mitgestalten und für mehr Teilhabe und Gleichberechtigung streiten. Ich gebe einen Einblick, wofür sie eintreten und welche Rechte sie sich in den letzten hundert Jahren erstreiten konnten, denn passive Opfer sind arabische Frauen sicher nicht. Im Gegenteil, nur mit viel Mut, Engagement und Kampfgeist konnten sie sich gestern und heute mehr Rechte und neue Freiräume erstreiten. Damit sind nicht nur Aktivistinnen und Frauenrechtlerinnen gemeint, sondern alle Frauen, die in ihrem Leben, mit ihren Projekten und Visionen das Leben von Frauen freier und besser machen.

Ihr Kampf ist nicht neu. Arabische Frauenbewegungen gibt es schon seit mehr als hundert Jahren. Im Jahr 1923 hat Hoda Shaarawi[2] in Ägypten die erste arabische Frauenorganisation gegründet, feministische Vorläufer gab es schon in den Jahrzehnten davor. Seitdem kämpfen arabische Frauen um Gleichberechtigung, mit Fortschritten und Rückschritten, mit Hindernissen und neuen Hoffnungen. Ich verstehe dabei Feminismus in einem breiten Sinne als soziale Bewegung, die mehr umfasst als formale Frauenrechtsorganisationen. Basierend auf Interviews und Recherchen aus den letzten fünf Jahren vor allem in Ägypten, Jordanien,

Marokko, Tunesien und den Emiraten gebe ich einen Einblick in die Lebenswelten arabischer Frauen und lasse sie mit ihren eigenen Perspektiven und Themen zu Wort kommen, wie sie für ihre Rechte kämpfen, welche Herausforderungen bleiben und warum es so schwierig ist, in der arabischen Welt Gleichberechtigung von Frauen und Männern zu erreichen.

Die Gesellschaften der Region sind in einem massiven Wandel begriffen, der auch Frauen, ihre Rollen in Gesellschaft und Familie, betrifft. Sichtbar wird dieser Wandel vor allem seit den Arabellionen seit 2011, die wesentlich stärker von Frauen geprägt waren, als das in der medialen Berichterstattung im Westen den Anschein hatte. Fragen, die vorher tabu waren, wie ein besserer Schutz vor Gewalt oder sexuelle Selbstbestimmung, sind seitdem in den Öffentlichkeiten präsent und haben bereits zu praktischen Konsequenzen wie der Einrichtung von Frauenhäusern oder der Abschaffung diskriminierender Gesetze geführt. Doch die regionalen Unterschiede sind groß. »Die« arabische Frau gibt es nicht. Zu unterschiedlich sind die Lebenswelten zwischen dem Jemen und Marokko, zwischen Mauretanien und den Emiraten, Saudi-Arabien und dem Libanon. Die arabische Welt mit ihren fast 400 Millionen Menschen könnte vielfältiger nicht sein. Nicht nur Musliminnen und Muslime verschiedener Konfession wie Sunniten und Schiiten leben hier, sondern auch Christen, Drusen, Jesiden und kleine jüdische Minderheiten. Auch ethnisch ist die Vielfalt groß und reicht von Kurden und Arabern bis zu Amazigh, den Berbern in Nordafrika, sowie Migrantinnen und Migranten aus vielen Ländern Afrikas und aus Asien. Die ökonomischen Unterschiede sind gewaltig. Während das Pro-Kopf-Einkommen in Katar zu den höchsten der Welt zählt, leben im vom Bürgerkrieg geplagten Jemen viele Menschen unter der Armutsgrenze und müssen mit weniger als einem US-Dollar pro Tag auskommen. Fragilen Staaten, von militärischen Konflikten zerrissen wie Syrien, Libyen, Jemen und Sudan stehen stabile reiche Staatsgebilde wie Saudi-Arabien, Oman und die Emirate gegenüber. Auch die rechtliche Situation von Frauen unterscheidet sich beträchtlich. An einem Ende der Skala steht Tunesien als ein Land, das bereits weitgehende rechtliche Gleichstellung erreicht hat, und am anderen Ende Saudi-Arabien, wo fast eins zu eins die Bestimmungen der islamischen Scharia geltendes Recht sind und Frauen erheblich diskriminieren. Kurz, die Lebenswelten arabischer Frauen könnten nicht unterschiedlicher sein. Doch sie alle haben eines gemeinsam: Sie wollen ein Leben in Würde führen, ohne Diskriminierung und Einschränkungen durch Gesetze und Gesellschaft. Ihnen ist dieses Buch gewidmet.

Kapitel 1

Die Anfänge: Hoda Shaarawi und der Aufbruch der Frauen

An einem milden Frühlingstag im Jahr 1923 fährt ein Zug in den Kairoer Bahnhof ein. Als er zum Stehen kommt, öffnen zwei in lange schwarze Umhänge gekleidete Frauen eine Tür. Sie werden freudig von einer Gruppe Wartender begrüßt. Plötzlich reißen sich die beiden Frauen ihre Schleier weg und zeigen dem Publikum ihre Gesichter. Die Zuschauerinnen brechen in begeisterten Applaus aus. Es sollte der zentrale Moment im Leben von Hoda Shaarawi werden, eine Szene, in der sich ihr Leben verdichtete. Es waren nur ein paar Minuten, in denen sie endgültig in die Geschichte einging. Denn das Abnehmen der Gesichtsschleier wurde zum Medienereignis und machte Shaarawi in ganz Ägypten bekannt. Auf den Schwarz-Weiß-Fotos des Ereignisses sehen Shaarawi und ihre Mitstreiterinnen Saiza Nabarawi und Nabawiyya Musa vorsichtig, aber entschlossen aus. Sie waren gerade vom 9. Internationalen Kongress des Weltbundes für Frauenstimmrecht in Rom zurückgekommen. Ägyptische Frauen wollen nicht länger ihr Gesicht verbergen und abgeschieden von der Öffentlichkeit leben, lautete ihre Botschaft. Damit setzten sie einen demonstrativen Startpunkt für die ägyptischen und arabischen Frauenbewegungen. Zeitungen berichteten; überall im Land folgten weitere Frauen ihrem Beispiel und Hoda Shaarawi wurde zu einer Ikone der Frauenrechte, zur zentralen Gestalt des beginnenden Feminismus in der arabischen Welt.[1]

Heute erinnert mitten im alten Kairo, ganz in der Nähe des Tahrir-Platzes, auf dem im Jahr 2011 die Massen gegen Diktator Mubarak und für Freiheit und Würde demonstrierten, eine Seitenstraße an Shaarawi. Zum Zeitpunkt der Aktion war sie bereits 54 Jahre alt und auf dem Höhepunkt ihres Engagements als Frauenrechtsaktivistin. Geboren 1879 in Minya in Mittelägypten hatte Shaarawi ihre Jugend noch im 19. Jahrhundert gelebt und wirkte dann ins beginnende 20. Jahrhundert hinein. Sie stand mit einem Bein in der alten und mit dem anderen in einer neuen Welt des Aufbruchs, auch für Frauen.

Hoda Shaarawi wuchs bei ihrer Familie im Kairoer Stadtteil Ismailiyya auf, einem damals neuen und beliebten Stadtteil der Metropole am Nil. In ihren zunächst auf Arabisch und 1987 auf Englisch unter dem Titel *Harem Years*[2] erschienenen Erinnerungen hat sie eine der frühesten Autobiografien von Frauen in der modernen arabischen Welt vorgelegt. Spannend zu lesen gibt das Buch einen anschaulichen Einblick in ihre Kindheit und Jugend, in das Familienleben und den Beginn ihres Engagements als Frauenrechtlerin, die die sichtbaren und unsichtbaren Mauern eines Frauenlebens sprengen sollte. Shaarawis Vater Sultan Pasha war ein reicher Landbesitzer. Er gehörte zu den führenden Kreisen Ägyptens und stand in Kontakt zum Königshaus. Ihre Mutter Iqbal war tscherkessischer Herkunft, die Familie kam ursprünglich aus dem Kaukasus. Schon als kleinem Mädchen wurde Shaarawi bewusst, dass Frauen gegenüber Männern benachteiligt waren. Ihr zwei Jahre jüngerer Bruder Umar genoss mehr Freiheiten als sie. Er durfte draußen spielen und herumtoben, sie nicht. Er wurde bevorzugt, was sie sehr quälte. Warum willst du das lernen, du bist doch ein Mädchen, fragte ihre Mutter, als sie einen Privatlehrer für Hocharabisch haben wollte, die Schriftsprache, die sich erheblich vom gesprochenen Arabisch unterscheidet und die den Zugang zu Büchern und Zeitungen ermöglicht. Für ihre Familie war diese Ungleichbehandlung vollkommen normal, aber das Mädchen Hoda war anders. Sie fing an, bestehende Normen zu hinterfragen.

Mit elf Jahren wurde ihr bedeutet, sie dürfe jetzt nicht mehr mit den Freunden ihres Bruders spielen. Damals ahnte sie noch nicht, was nur zwei Jahre später auf sie zukommen würde. Sie beschreibt ihr Entsetzen über die arrangierte Ehe, die sie im Alter von 13 Jahren mit ihrem Cousin Ali Shaarawi eingehen musste, der zu dem Zeitpunkt bereits die 40 überschritten hatte. Sie schildert ihre Tränen der Verzweiflung, aber eine Auflehnung gegen diese Entscheidung der Familie war damals undenkbar. Cousin Ali war bereits mit einer anderen Frau verheiratet und hatte mit dieser Kinder, versprach aber, sich von seiner ersten Frau zu trennen. Da er das nicht tat, hatte Hoda einen Vorwand, um eine temporäre Trennung von ihrem Mann durchzusetzen.

Sieben Jahre lang blieb sie weiter im Haus ihrer Familie, verbrachte ihre Zeit mit dem Erlernen des Hocharabischen, mit Klavierspiel und Französisch, das sie wesentlich besser sprach als Hocharabisch, wie es in ihren Kreisen oftmals üblich war. Es war eine wichtige Zeit für sie, um erwachsen zu werden und eine eigene Haltung im Leben zu finden. Zentral war für sie die Begegnung mit der Französin Eugénie Le Brun, die mit einem hohen ägyptischen Beamten verheiratet war und einen der neuen Frauensalons betrieb. Hier kamen Frauen zusammen, um unter sich über alle ihre Probleme zu sprechen. Die Salons wurden zu einem beliebten Forum, in dem Frauen erstmals offen über ihre persönliche, aber auch über soziale und gesellschaftliche Benachteiligung sprechen konnten. In den Salons war ein wichtiges Thema, dass Mädchen noch als Kinder verheiratet wurden, Männer sich ohne Einverständnis der Ehefrau weitere Frauen nehmen und sich mit einem dreimal mündlich ausgesprochenen Satz plötzlich trennen konnten. Ihre Ehefrauen schickten sie dann einfach zu ihren Eltern zurück. Frauen dagegen hatten so gut wie keine Möglichkeit, sich legal zu trennen. Sie stritten über die Frage, warum Frauen ein weitgehend abgeschiedenes Leben im Haus führen mussten, warum Jungen draußen herumtoben durften, Mädchen aber nicht und warum ihnen im Gegensatz zu den Männern die meisten Berufe nicht offenstanden. Alles kam in den Frauensalons auf den Prüfstand.[3]

Europäische Fantasien

Es waren die Frauen der Mittel- und Oberschicht, die ihr Leben wie Shaarawi abgeschieden in einem Harem verbringen mussten. Das Wort »Harem« hat in Europa viele Fantasien ausgelöst. Ganze Buchreihen und zahlreiche Werke der Malerei widmeten sich im 19. Jahrhundert den Bildern und Vorstellungen über die Welt der Harems, die man sich als besonders sinnenfreudig vorstellte – eine Projektion eigener Sehnsüchte auf eine andere Welt. Westliche Frauen besuchten im 19. Jahrhundert auf ihren Reisen durch den Orient die Harems und beschrieben sie in ihren Reiseerzählungen, Männer durften sie nicht betreten und fanden sie daher umso spannender. So wurde der Harem in Europa zu einer exotischen, angeblich sexuell besonders aufregenden Welt und stachelte die Fantasien über den Orient und das Leben der arabischen Frauen hinter den Mauern des Harems an.

Tatsächlich war das Leben im Harem nicht so spektakulär. Es war einfach nur jener Teil des Hauses, in dem die Frauen und Kinder lebten und fremde Männer keinen Zutritt hatten. Verließen die Frauen das Haus, dann verhüllten sie ihre Gesichter und nahmen so die Trennung von der Welt der Männer mit in die Öffentlichkeit. Allerdings konnten sich nur die Reichen den Aufwand leisten, den die konsequente Trennung der Geschlechter in den Wohnräumen mit sich brachte. Nur Betuchte wie die Familie von Hoda Shaarawi hatten genügend Platz in ihren Wohnungen und verfügten über die notwendigen Mittel, um die Eunuchen (kastrierte Männer, in Ägypten meistens Sklaven aus dem Sudan) zu bezahlen, die die Frauen bewachen sollten und als Mittler zwischen ihnen und der Welt draußen fungierten.

In den Häusern der Armen lebten die Menschen in überfüllten, engen und stickigen Räumen. Arme Frauen, seien es die Fellachinnen (die ägyptischen Bäuerinnen) auf dem Land oder in den Städten, mussten sich für Arbeiten aller Art verdingen; für sie galt die Geschlechtertrennung des Harems nicht. Mit dem Islam hatte das gar nicht einmal unbedingt zu tun. »Verschleierung und das System des Harems waren soziale Konventionen verbunden mit ökonomischem Standing«, schreibt die ägyptisch-amerikanische Genderforscherin Margot Badran und verweist auf europäische Reiseberichte aus dem Ägypten des 19. Jahrhunderts. Sie belegen, dass nicht nur Musliminnen, sondern auch Christinnen und Jüdinnen verschleiert waren und in Harems lebten.[4]

Hoda Sharaawis Memoiren zählen zu den wenigen authentischen Berichten aus dieser Welt. Erst mit 21 Jahren, für die damalige Zeit sehr spät, wurde sie Mutter und bekam zwei Kinder. Zu diesem Zeitpunkt wies noch nichts in ihrem Leben darauf hin, dass sie einmal die Begründerin der ägyptischen Frauenbewegung werden sollte, ein Symbol für die Befreiung von Frauen in der gesamten Region und eine Ikone des arabischen Feminismus. Inspiriert von Freundin Eugénie Le Brun fing Shaarawi an, erste Vorträge nur für Frauen zu organisieren. Sie half bei der Gründung der ersten Wohltätigkeitsgesellschaft, die kostenlose Medikamente für bedürftige Mädchen und Frauen organisierte.

Zeit des Umbruchs

Der Beginn des 20. Jahrhunderts in Ägypten war eine Zeit des Umbruchs, der sich bereits seit Langem angekündigt hatte. Veränderung und Aufbruch lagen in der Luft. Bereits unter der langen Herrschaft von Mohammed Ali (1805–49), der dem Land mehr Freiheit (einen halb-autonomen Status) vom Osmanischen Reich erkämpft hatte und es (mit zuweilen brachialen Methoden) modernisierte, und seinem Nachfolger, dem Khediven Ismael Pascha, änderte sich das Gesicht Ägyptens rasant. Mohammed Ali wollte, dass Ägypten nach europäischem Vorbild in seiner Entwicklung aufholt. Er holte europäische Experten ins Land, mit deren Hilfe er Bildungswesen und Militär reformierte. Unter Mohammed Ali wurde Ägypten zunehmend in den Weltmarkt integriert.[5]

Mohammed Alis Sohn und vor allem sein Enkel, der Khedive Ismael Pascha, setzten diese Politik der Modernisierung fort. Tausende Kilometer Eisenbahnlinie und Telegrafenleitungen entstanden. Glanzvoller Höhepunkt dieser Entwicklung war die Eröffnung des Suezkanals 1869 mit großem Pomp. Doch alle diese Investitionen trieben (zusammen mit der Verschwendungssucht des Khediven) Ägypten in eine verhängnisvolle Abhängigkeit von den ausländischen Geldgebern England und Frankreich. Mit erpresserischen Konditionen und Wucherzinsen legten es die europäischen Mächte darauf an, ihren politischen Einfluss am Nil auszudehnen. Ismael Pascha musste seine Kanalaktien an Großbritannien verkaufen und 1876 eine britisch-französische Finanzkontrolle akzeptieren. Für Großbritannien war der Verbindungsweg durch den Kanal nach Indien strategisch wichtig. 1882 besetzten die Briten das Land und blieben die nächsten 70 Jahre bis zur Unabhängigkeit Ägyptens im Jahr 1956 als Kolonialherren die tonangebende Macht. 1914 wurde Ägypten formell zu einem britischen Protektorat.[6]

Für Ägypterinnen und Ägypter wurde das Streben nach nationaler Unabhängigkeit von den Briten zum Schlüsselthema. Frauen sahen dabei ihre eigene Befreiung von Unterdrückung im Kontext der Befreiung einer ganzen Nation. Frauenrechte und nationale Rechte, der Kampf gegen Kolonialismus und der Einsatz für nationale Selbstbestimmung waren für sie zwei Seiten einer Medaille.[7] Ab 1900 wurden diese Forderungen nach nationaler Eigenständigkeit immer lauter – eine Atmosphäre, die den Frauenrechtlerinnen entgegenkam. Neben den Frauensalons entstanden um die Jahrhundertwende erste Magazine, in denen sich Autorinnen zu Wort meldeten. Das erste Frauenmagazin kam 1892 auf den Markt, herausgegeben von einer Frau für weibliche Leser. In den Zeitschriften fingen Frauen mehr und mehr an, ihre eigenen Anliegen in der Öffentlichkeit zu diskutieren. Mit Malak Hifni Nasef (1886–1918) wurde eine Autorin populär, die regelmäßig Texte nicht nur in den neuen Frauenmagazinen, sondern auch in den damaligen Mainstream-Medien veröffentlichte. Frauen aus der Oberschicht wie Shaarawi gründeten philanthropische Gesellschaften, in denen sie medizinische Versorgung für die Ärmsten organisierten. Gesundheitsstationen, Kliniken, Kindergärten entstanden, gegründet von vermögenden Frauen. In diesen Einrichtungen wurden Arme kostenlos oder günstig versorgt.

Unter Mohammed Ali entstand nach und nach ein staatliches Schulsystem; zuvor hatte es lediglich Koranschulen gegeben. Als 1873 die erste staatliche Grundschule für Mädchen und im Jahr danach das erste Gymnasium für Mädchen eröffnet wurden, waren das wichtige Schritte auf dem Weg zu Bildungschancen für Mädchen. Zunächst profitierten vor allem gut situierte Frauen, doch mit der Ausweitung der Bildung kamen immer mehr Mädchen und Frauen in den Genuss von Bildung.

1908 schloss mit Nabawiyya Musa die erste Ägypterin das Gymnasium mit dem Abitur ab, im Übrigen gegen den Widerstand des britischen Beraters im Erziehungsministerium. Er wollte ihr den Zugang zur Prüfung mit dem Hinweis auf ihr Geschlecht verweigern. Die Briten bremsten den Ausbau der Bildung und führten zum Beispiel Schulgebühren ein, die es vielen Ägypterinnen und Ägyptern erschwerten, ihre Bildungskarrieren fortzuführen.[8] Europa wurde für viele zum Vorbild. Frauen aus der Mittel- und Oberschicht fingen an, sich häufiger in der Öffentlichkeit aufzuhalten, etwa bei Spaziergängen. Es wurde auch in den Mittelschichten Mode, Alkohol in der Öffentlichkeit zu trinken, englische und französische Wörter zu verwenden und westliche Kleidung zu tragen. Zahlreiche Experten, vor allem aus Großbritannien und Frankreich, kamen ins Land. Frauen wurde der Zugang zu Berufen wie Lehrerin oder Krankenschwester möglich, aber auch Schauspielerinnen und Sängerinnen wurden zunehmend in den Kairoer Clubs und auf Theaterbühnen gesehen.[9]

Aufbruchstimmung

An der Wende zum 20. Jahrhundert herrschte Aufbruchstimmung in der islamischen Welt. Innovationen wurden gefeiert und ermutigt. Niemand kam auf die Idee, sie würden im Widerspruch zum Islam stehen. Damals war ein Islam populär, der für Erneuerung und Reform stand und Ijtihad (wörtlich: »Anstrengung«), die selbständige Interpretation der heiligen Texte, unterstützte. Der Zeitgeist wollte die technischen Errungenschaften aus dem Westen übernehmen, um Anschluss zu finden an die moderne Welt.

Im Zusammenhang mit der Frage, wie dieser Aufbruch gelingen kann, wurde erstmals in der modernen arabischen Geschichte über die Lage von Frauen diskutiert. Ohne mehr Rechte für Frauen wäre eine aufholende Entwicklung gegenüber dem Westen nicht möglich, war eine weit verbreitete Meinung. Die Rechte von Frauen wurden zu einem Seismografen für die Entwicklung der Gesellschaft. An der Al-Azhar-Universität, seit Jahrhunderten ein zentraler Ort sunnitisch-islamischer Gelehrsamkeit, betonte der reformorientierte Denker Muhammad Abduh (1849–1905), Muslime hätten vergessen, dass Bildung von Frauen im Islam zentral sei. Abduh sprach sich dafür aus, dass Frauen endlich wieder all die Rechte erhalten sollten, die ihnen im Islam zustehen würden. Man sollte alle Missinterpretationen des Koran über Bord werfen, um Ägypten durch Bildung und Reformen von innen zu modernisieren.[10]

Abduh argumentierte, der Koran habe lange vor den Europäern die Rechte von Frauen begründet. Man müsse also nicht nach Europa schauen, sondern die eigenen Wurzeln ernst nehmen. Dazu sollte es eine Rückkehr zum Ijtihad geben. Man solle die heiligen Texte neu interpretieren, die Scheidungsgesetze reformieren und die Polygamie beenden. Radikaler in seinen Ansichten und vor allem in seinen Spätwerken mehr an Europa orientiert war der Rechtsanwalt Qasim Amin (1863–1908), ein Schüler von Muhammad Abduh, der 1899 in Kairo sein bahnbrechendes Buch, *The Liberation of Women* veröffentlichte.[11] Für Qasim Amin, der an der

Sorbonne in Paris studiert hatte, konnte sich eine Gesellschaft, die Frauen unterdrückt, nicht weiterentwickeln. »Verschleierung und das Leben in Abgeschiedenheit haben Frauen davon abgehalten, jene Rechte zu genießen, die ihnen im Islam zustehen«, schrieb Qasim Amin. Während Muhammad Abduh seine Überlegungen für eine moderne Gesellschaft mit einem reformorientierten Verständnis des Islam begründet, übernimmt Qasim Amin in seinen Veröffentlichungen zunehmend westliche, auch koloniale Positionen.[12] Der »erste Feminist«, wie er von Zeitgenossen genannt wurde, hatte im Übrigen trotz seiner progressiven Ansichten in seinen Schriften die Bücher und Artikel von zeitgenössischen Autorinnen vollkommen ignoriert. Amin ging über Muhammad Abduh hinaus und befürwortete sogar die britische Kolonialherrschaft: Sie sei geeignet und nötig, um das Land aus seiner Rückständigkeit zu holen. Mit seiner pro-britischen Haltung provozierte er die Zeitgenossen in besonderem Maße. Allein 30 Bücher wurden publiziert, um ihn zu widerlegen.[13]

Die neuen Debatten über Frauen und ihre Rechte waren eingebunden in die zentralen Fragen der damaligen Zeit. Warum hinkt die islamische Welt Europa hinterher? Wie lässt sich dieser Rückstand aufholen? Anders als bei den entstehenden Frauenbewegungen in Europa schwingt bei den Frauenrechtsbewegungen in der arabischen Welt immer die Frage mit, ob man die eigene Kultur ablegen müsse, um misogyne Einstellungen zu überwinden, und ob Verbesserungen für Frauen zwangsläufig bedeuten, fremde, europäische Werte übernehmen zu müssen. Indigene oder authentische Werte versus westliche Werte, so verliefen damals schon die Fronten in der Diskussion. Hoda Shaarawi und ihre Mitstreiterinnen lasen begeistert die Werke von Qasim Amin und Muhammad Abduh. Die Gedanken der beiden Denker und anderer zu einem Reformislam waren der Kontext, in dem sich die Anfänge eines ägyptischen Feminismus bildeten. In den Salons diskutierten die Frauen die Thesen und veröffentlichten ihre Ansichten dazu in den neuen Frauenzeitschriften. Dabei herrschte die Meinung vor, soziale und gesellschaftliche Normen, nicht »der Islam« würden Frauen daran hindern, ihre Talente zu entfalten und am gesellschaftlichen Leben teilzunehmen.

Zwei wichtige Punkte ziehen sich von Anfang an durch die arabischen Frauenbewegungen. Der Kampf der arabischen Frauen für gleiche Rechte ist kein West-Import; die Frauenbewegungen sind von innen heraus entstanden und wurden geformt im historischen Kontext ihrer jeweiligen Gesellschaften. »Natürlich hat Shaarawi auch Anregungen aus Europa übernommen«, sagt Nawar Al-Hassan-Golley 2023 im Interview über diese umstrittene Frage. Sie lehrt an der Amerikanischen Universität im Emirat Sharjah und forscht über arabische Frauenbewegungen. »Es gibt immer verschiedene Einflüsse, niemand lebt isoliert.« Doch meint auch Al-Hassan-Golley, der Impuls für die Rechte arabischer Frauen sei nur im Kontext der arabischen Geschichte und ihrer spezifischen Umstände zu verstehen. Ein zweiter Aspekt, der von Anfang an die arabischen Frauenbewegungen prägt: Nicht »der Islam« hindert Frauen daran, einen gleichwertigen und gleichberechtigten Platz in der Gesellschaft einzunehmen, sondern eine – so wie wir heute sagen würden – patriarchale Auslegung der heiligen Texte im Koran und in der Sunna.

Frauen im Kampf um nationale Unabhängigkeit

Der zunächst literarische und kulturelle Aufbruch der ägyptischen Frauen wurde schnell politisch. In der antikolonialen Bewegung traten sie erstmals politisch in Erscheinung. Sie nahmen an Massenprotesten teil, organisierten Streiks und Boykottaktionen gegen die britischen Kolonialherren, es gab auch Demonstrationen ausschließlich von Frauen aus unterschiedlichen sozialen Schichten. Als die Briten nach dem Ersten Weltkrieg 1919 nicht bereit waren, mit der ägyptischen Delegation über die nationale Unabhängigkeit zu verhandeln, kam es zu massiven Unruhen. Fellachenfrauen rissen gemeinsam mit den Männern Eisenbahnschienen aus dem Boden und überfielen britische Einrichtungen. Schulmädchen schickten Protest-Telegramme an den Premierminister in London und forderten die nationale Unabhängigkeit Ägyptens. Monatelang rissen die Demonstrationen nicht ab. Die Briten versuchten, die Proteste gewaltsam zu unterdrücken. Auch Frauen wurden dabei erschossen, wie etwa beim Protestmarsch im Kairoer Stadtviertel Imbaba und in der Oase Fayyum im Niltal im März des Jahres 1919.[14]

Sharaawi und ihre Anhängerinnen traten für Frauenrechte ein und waren gleichzeitig glühende Verfechterinnen eines freien Ägyptens. Das heißt nicht, dass alle ägyptischen Nationalisten offen für die Anliegen der Frauenrechtlerinnen gewesen wären; Konservative betonten, die Verschleierung der Frauen, ihre Beschränkung auf das Reich der Familie und die Vormachtstellung der Männer seien wichtige Symbole nationaler Identität, an denen man in Abgrenzung zu Europa unbedingt festhalten müsse.

1922 deklarierte Ägypten einseitig seine Unabhängigkeit, jedoch kontrollierten die Briten weiterhin Außenpolitik und Militär. Doch die Frauen um Hoda Shaarawi, die sich aktiv für die nationale Unabhängigkeit Ägyptens eingesetzt hatten, wurden bitter enttäuscht. Wie so oft nach erfolgreichen Protestaktionen und Revolutionen unter führender Beteiligung von Frauen wollten die Männer hinterher nichts mehr vom weiblichen Anteil am Erfolg wissen: In der neuen ägyptischen Verfassung von 1923 erhielten nur Männer das Wahlrecht. Shaarawi organisierte sogleich eine Frauendemonstration vor dem Parlament, um mehr Mitsprache zu erreichen; doch ohne Erfolg. Diese Enttäuschung bewog sie dazu, am 16. März 1923 die Egyptian Feminist Union (EFU), die erste Frauenrechtsorganisation des Landes und wohl der gesamten arabischen Welt, zu gründen. Die EFU besteht mit Unterbrechungen bis heute, um die Forderungen von Frauen in die Politik einzubringen. Zwar war sie in den 1920er- und 1930er-Jahren nur ein zahlenmäßig kleiner Verein mit rund 250 Mitgliedern in der Spitze. Doch war dieser zu dem Zeitpunkt die einzige politische Vertretung arabischer Frauen. Hauptziele der EFU waren zunächst das Wahlrecht für Frauen, bessere Bildung für Mädchen und Frauen, bessere Jobs und eine Reform des diskriminierenden Familienrechts: eine Anhebung des Heiratsalters, ein Ende der Polygamie, das Recht auf Scheidung und eine Regulierung der Prostitution. Um das Kopftuch und den Schleier ging es ihnen nicht. Obwohl Shaarawi, Saiza Nabarawi und Nabawiyya Musa, die erste Abiturientin Ägyptens, kurz nach der Gründung der EFU ihre spektakuläre Aktion am Kairoer Bahnhof inszenierten, war die Frage der Kopfbedeckung kein wichtiges Anliegen der EFU. Das gilt bis heute.

Die Bedeutung Shaarawis weist weit über Ägypten hinaus. In den 1930er-Jahren setzte sie sich auch für die nationale Unabhängigkeit anderer arabischer Staaten, für Frauenorganisationen in Palästina und Jordanien ein. Das habe sie in Konflikt mit den internationalen Frauenorganisationen gebracht, sagt Sonya Dayan-Herzbrun, emeritierte Soziologin von der Universität Paris Diderot. »Die westlichen Frauen wollten vom Kampf um Selbstbestimmung in Palästina nichts wissen und sich hier nicht positionieren.«[15] Für die nationalen Ambitionen der Araberinnen und Araber hatten sie kein Verständnis. Hoda Shaarawi aber hatte mit ihren Mitstreiterinnen in Ägypten Maßstäbe gesetzt und erste Ziele formuliert. Ihr kommt das historische Verdienst zu, den Kampf um Frauenrechte initiiert zu haben. Nicht nur in Ägypten, damals das kulturelle Zentrum der Region, sondern quer durch den gesamten Nahen Osten und Nordafrika gab es diese erste Welle von beginnenden Frauenbewegungen. Eine Ausnahme bleibt die Golfregion mit Saudi-Arabien, den Emiraten und dem Jemen, wo sich dieser Aufbruch erst sehr viel später ereignete. Vor allem in der Levante aber vollziehen sich ähnliche Entwicklungen wie am Nil. In Syrien gründeten engagierte Frauen ebenfalls seit den 1880er-Jahren literarische Salons, engagierten sich in Wohlfahrtsorganisationen und nahmen an nationalistischen Protestaktionen teil. 1928 gründete Labibah Thabit die Syrian-Lebanese Women's Union mit 23 Frauengruppen aus beiden Ländern.[16] In Palästina entstand 1919 die erste Palästinensische Frauenunion (Palestinian Women's Union) in Jerusalem von Frauen aus der Mittel- und Oberschicht, häufig Ehefrauen von politischen Führern. Sie waren aktiv daran beteiligt, Boykottaktionen, Sit-ins und Streiks gegen die Kolonialmächte Großbritannien und Frankreich zu organisieren. Bei der ersten pan-arabischen Frauenkonferenz 1944 kamen sie alle nach Kairo, um sich zu vernetzen. Als Shaarawi 1947 während einer Cholera-Epidemie in Kairo starb, hatten ägyptische Frauen beim Thema Bildung schon etwas erreicht, aber das Wahlrecht für Frauen erlebte Shaarawi nicht mehr. Es gab auch noch kein Verbot der Polygamie und kein Recht auf Scheidung für Frauen – alles, was das Familienrecht betraf, blieb wie es war. Dabei waren die Forderungen der EFU zum Familienrecht moderat, eine radikale säkulare Reform, wie sie zum Beispiel 1926 in der Türkei durchgeführt wurde, wollte sie nicht. Die klassischen Geschlechterrollen – die Hauptaufgabe der Frau zu Hause und die des Mannes draußen in der Welt – wurden noch nicht grundsätzlich infrage gestellt, das kam erst später. »Shaarawi vertrat, was wir heute einen moderaten Feminismus nennen«, sagt Al-Hassan Golley noch abschließend in unserem Interview. »Radikale Forderungen wären damals nicht vermittelbar gewesen.«

Eine erste Bilanz

Aber bereits damals waren die erwähnten zwei großen Strömungen der ägyptischen und arabischen Frauenbewegungen präsent, die bis heute bestimmend sind. Shaarawi und mit ihr die EFU folgte im Wesentlichen – mit ihrem Vorbild Qasim Amin – einer Idee von Frauenrechten nach westlichem Vorbild. Trotz aller Kritik an der britischen Kolonialmacht kommt in ihren Memoiren *Harem Years* immer wieder auch die Bewunderung für die westliche Zivilisation zum Ausdruck. Dieser Feminismus war überwiegend getragen von Frauen aus der gehobenen Mittel- und Oberschicht. Für diese

Frauen waren die Armen Objekte einer philanthropischen Wohltätigkeit. Sie verstanden Armut nicht als eine Folge politisch gemachter und verantworteter Ungleichheit. Die Rechte benachteiligter Frauen, etwa Hausmädchen, Fabrikarbeiterinnen oder Landfrauen, standen damals noch nicht auf der Tagesordnung – ähnlich wie es bei der ersten Welle der Frauenbewegungen in Europa und den USA im 19. und beginnenden 20. Jahrhundert der Fall war. Auch die europäischen und US-amerikanischen Feministinnen haben sich zunächst auf Fragen des Wahlrechts, der Bildung und des Zugangs zu Berufen konzentriert. So war Shaarawi trotz ihres Engagements und ihrer Verdienste auch ein Kind ihrer Zeit. Es war nicht nur für sie selbst undenkbar, aus einer arrangierten Ehe auszubrechen. Sie hat auch für ihre Kinder standesgemäße Verbindungen eingefädelt. Als ihr Sohn Mohammed eine Affäre mit der bekannten Schauspielerin Fatima Sirri einging, war sie entsetzt.[17] Sie verweigerte Sirri den Unterhalt für ihre Tochter, nachdem die Beziehung scheiterte. Auch diese Seite gehört zu Shaarawi. Doch ihre großen Verdienste schmälert das nicht. »Hoda Shaarawi war eine politische Figur von großer Bedeutung«, sagt die Soziologin Dayan-Herzbrun. »Es wird Zeit, dass sie angemessen wahrgenommen und gewürdigt wird.«[18]

Kapitel 2

Staatsfeminismus: Frauenrechte von oben

Das Leben von Bchira Ben Mrad kann man nur als tragisch bezeichnen. Die 1913 geborene Aktivistin war eine Pionierin für Frauenrechte in Tunesien. 1936 gründete sie die erste tunesische Frauenrechtsorganisation unter dem Namen Islamische Union tunesischer Frauen (Union Musulmane des Femmes de Tunisie, UMFT). Wie Hoda Shaarawi in Ägypten hatte auch Ben Mrad, die aus einer Familie einflussreicher Islamgelehrter stammte, sich aktiv an der nationalen Bewegung für Tunesiens Unabhängigkeit von Frankreich beteiligt. Wie Shaarawi war auch sie davon überzeugt, dass der Islam für die Rechte von Frauen, für Bildung, Zugang zu Berufen und Gleichberechtigung in der Familie steht. Doch Ben Mrad wurde zu einem Opfer des autoritären Staatsfeminismus im unabhängigen Tunesien. Die Politik übernahm ihre Ziele und stellte sie gleichzeitig ins Abseits, damit die Herrschenden sich als die einzigen Modernisierer darstellen konnten. Für Frauenrechtsaktivistinnen wie sie war kein Platz vorgesehen.[1]

Nach 1945 war in der arabischen Welt ein neues Zeitalter angebrochen. Unabhängige Nationalstaaten entstanden, die Kolonialzeit war Geschichte, wenn auch ihre Folgen noch lange nicht bewältigt waren. Aus dem Kampf gegen die Kolonialmächte war eine neue Elite hervorgegangen, die es sich zur Aufgabe gemacht hatte, aus der von Großbritannien, Frankreich, Italien und Spanien hinterlassenen Ordnung Nationalstaaten zu bilden. Beim Aufbau dieser neuen Staaten nahmen Frauenrechte einen wichtigen Stellenwert ein. Die neuen Machthaber wollten in die Zukunft aufbrechen. Für ihre Politik waren Frauenrechte zentral, aber ihre Durchsetzung konnten sie sich nur von oben vorstellen. In Tunesien ordnete Habib Bourguiba (1956–1987), der erste Präsident nach der Unabhängigkeit des kleinsten Staates in Nordafrika, gleich nach seinem Amtsantritt Reformen an, um die rechtliche Stellung von Frauen zu verbessern. Sie waren für ihn Teil einer Modernisierung, mit der er seinen Anspruch auf Führung des Landes gegenüber den religiösen und traditionellen Autoritäten durchsetzen wollte.[2]

Diese Modernisierung wollte sich Bourguiba allerdings allein auf seine Fahnen schreiben. Die UMFT von Ben Mrad wurde noch im Jahr 1956 verboten, obwohl sich beide persönlich kannten und sich mehrmals getroffen hatten. Ben Mrad spielte danach in der Öffentlichkeit keine Rolle mehr, sie starb 1993 einsam und verarmt. Erst 2013 fand im Stadttheater von Tunis eine Veranstaltung zur Erinnerung an sie und ihre Verdienste statt. Bourguiba aber reformierte mit dem Code du Status Personnel, dem neuen Personenstandsrecht, die Rechte tunesischer Frauen grundlegend. Die Franzosen hatten während ihrer Herrschaft über Tunesien (1881–1956) das islamische Familienrecht nicht angetastet. Am 13. August 1956 hielt Bourguiba eine legendäre Rede, in der er die Rolle der Frauen in der tunesischen Gesellschaft feierte. Dabei bezog er sich auf Ideen von islamischen Reformdenkern, die schon länger in Tunesien kursierten.

Der einflussreichste unter ihnen war der Intellektuelle Tahar Haddad, der bereits 1930 in seinem Buch *Our Women in the Sharia and Society* ein Ende von Polygamie und Zwangsehen und einen besseren Zugang zu Bildung für Mädchen gefordert hatte. Zwar wurde Tahar Haddad von den Theologen seiner Universität, der Al-Zeituna, zum Häretiker erklärt und der Verkauf seines Buches verboten. Er verlor seine Lehr- und Prüfungsberechtigung und man erkannte ihm sein Diplom als Notar ab. Auch wenn sein Buch also massive Kritik beim religiösen Establishment hervorrief und Haddad persönlich diese Ablehnung schwer zu schaffen machte (er verfiel in Depressionen und starb 1935 mit nur 36 Jahren), war es doch im Untergrund in Tunesien weiter einflussreich und bildete den Rahmen für Bourguibas Reform.[3]

Das neue Personenstandsrecht für Tunesien war eine Revolution in Nordafrika. Es schaffte mit einem Federstrich seit Jahrhunderten geltende islamische Rechtsvorschriften ab. Scheidungen waren jetzt Sache eines zivilen Gerichts und konnten von Männern wie Frauen gleichermaßen eingereicht werden. Fragen des Unterhalts für die Kinder wurden neu geregelt. Das traditionelle Recht des Ehemannes, seine Frau einfach zu verstoßen, wenn es ihm gerade passte, wurde abgeschafft. Frauen mit mehr als vier Kindern erhielten das Recht auf Abtreibung, später wurde diese in den ersten drei Monaten einer Schwangerschaft ganz legalisiert und die Kosten wurden vom Staat übernommen. Die Polygamie wurde verboten. Sie war Ursache für viele Spannungen in den Familien, auch wenn sie bereits damals vor allem von jenen Männern praktiziert wurde, die es sich leisten konnten, mehrere Frauen und ihre Kinder zu unterhalten. Denn nach traditioneller Vorstellung sind sie dazu verpflichtet, für alle Ehefrauen und Kinder zu sorgen.[4]

Bis heute ist Tunesien das einzige Land im Nahen Osten und in Nordafrika, das die Polygamie ganz abgeschafft hat und in dem eine zweite Ehe vor dem Gesetz nicht nur ungültig ist. Wer sich eine zweite Frau nimmt, muss auch mit einer Geld- und Haftstrafe rechnen.[5] Andere Länder wie Marokko, Jordanien, Irak, Libanon oder Syrien haben die Polygamie zwar auf unterschiedliche Weise eingeschränkt, aber nicht komplett untersagt.

Staatliche Schulbildung für alle wurde eingeführt und der gemischtgeschlechtliche Unterricht zur Regel gemacht. So wurde die rechtliche Autonomie von Frauen in der Familie, gegenüber ihren Ehemännern und männlichen Verwandten einschneidend gestärkt. Allerdings war die rechtliche Gleichstellung von Frauen noch nicht vollständig. Es gab und gibt trotz weiterer Reformen bis heute noch Einschränkungen, zum Beispiel beim Erbrecht. Frauen erben auch nach dem neuen Personenstandsrecht nur die Hälfte des männlichen Anteils. Auch waren Männer beim Sorgerecht für die Kinder immer noch bevorzugt – und der Passus, dass eine Ehefrau ihrem Mann gehorchen soll, wurde erst 1993 gestrichen.[6]

Der Präsident ging in seiner Modernisierung von oben noch weiter: Das Kopftuch wurde in öffentlichen Räumen wie zum Beispiel Klassenzimmern und Universitäten verboten. Trotz dieser autoritären Vorgehensweise haben die Reformen deutlich die Lebensverhältnisse von tunesischen Frauen verbessert. Mit seinen Reformen hat Bourguiba die Vorreiterrolle Tunesiens in der Region in Geschlechterfragen begründet. Sie hält sich bis heute. Die progressive Reform des Familienrechts hatte eine wichtige Funktion für den neuen Staat, so erklärt die tunesische Soziologin Mounira Charrad, wie es zu diesem radikalen Einschnitt kommen konnte. Die Reform habe ein neues nationales Kollektiv ermöglicht, sagt sie. Die modernistische neue Staatselite, die das Erbe der französischen Kolonialmacht antrat, konnte so den Einfluss traditioneller Klientel- und Patronagebeziehungen in vielen gesellschaftlichen Bereichen zurückdrängen und ihre Macht konsolidieren.[7] Die Frauenfrage wurde zum Prüfstein für Modernität und Fortschritt. Sie geriet damit aber auch zum Kampfgebiet in der Auseinandersetzung zwischen Moderne und Tradition, zwischen westlichen Wertvorstellungen und eigener Identität – und bleibt es bis heute.

Revolution der Bildung

In den Jahrzehnten von 1950 bis 1980 gab es in der gesamten Region große Fortschritte in der Alphabetisierung und Schulbildung für Frauen (und Männer), auch wenn in ländlichen Gebieten bis heute ein unterschiedlich hoher Anteil von Frauen nicht lesen und schreiben kann, etwa in Ägypten oder Marokko. Frauen drängten in die weiterführenden Schulen und Hochschulen, wo sie heute überwiegend die Mehrheit der Absolventinnen stellen. Sie erhielten Zugang zu fast allen Berufen, sie wurden Ingenieurinnen, Ärztinnen, Journalistinnen, Unternehmerinnen, Künstlerinnen; lediglich das Richteramt und das höchste Staatsamt wurde ihnen noch vorenthalten. 2003 wurde dann Tahani al-Gebali als erste Frau in Ägypten zur Richterin ernannt, 2007 verkündete der damalige Großimam, Scheich Tantawi, im Koran stünde nichts, was Frauen davon abhalten könnte, Richterinnen zu werden, und der Oberste Justizrat des Landes stimmte der Ernennung von 31 Frauen als Richterinnen zu.[8] In den 1950er-Jahren erhielten sie das aktive und passive Wahlrecht, es gab die ersten Abgeordneten und später auch Ministerinnen.

Doch das Familienrecht wurde außer in Tunesien nicht grundsätzlich angetastet, obwohl sich zahlreiche Regime sozialistisch nannten und eine progressive Agenda vertraten (außer in den Monarchien Jordanien und Marokko sowie am Golf). Am ehesten noch als fortschrittlich zu bezeichnen sind die Änderungen im irakischen Personenstandsrecht von 1959, wo das Heiratsalter auf 18 Jahre festgelegt (allerdings Ausnahmen zugelassen) und Zwangsehen verboten wurden.[9] Anders als in Tunesien waren im Irak auch Aktivistinnen an der Ausarbeitung der Gesetzesreform beteiligt. Im Irak sahen viele die ersten Jahre nach der Unabhängigkeit als eine Achsenzeit für Frauenrechte. 1959 gab es unter Präsident Abdel Karim Qasim mit der Aktivistin und Ärztin Naziha al-Dulaymi die erste Ministerin der arabischen Welt. Sie stand der kommunistischen Partei des Irak nahe.[10] Damit hatte die arabische Welt zwei Jahre vor der Bundesrepublik Deutschland ihre erste Frau im Ministeramt. Elisabeth Schwarzhaupt von der CDU trat 1961 ihr Amt als Gesundheitsministerin an.[11] In Ägypten hatten am 23. Juli 1952 die Freien Offiziere unter der Führung von General Naguib und Gamal Abdel Nasser den damaligen König Faruk gestürzt, 1953 die Monarchie abgeschafft und die Republik ausgerufen. Nach Differenzen mit Naguib setzte Nasser sich in einem Machtkampf durch und wurde 1956 Präsident des größten und zu der Zeit noch kulturell wichtigsten arabischen Landes.[12]

Anders als Bourguiba aber wollte sich Nasser nicht mit dem religiös-konservativen Establishment anlegen und verfügte daher nur kleinere Reformen am Personenstandsrecht. Gleichzeitig schränkte aber auch er nach und nach die Bewegungsspielräume von Frauenrechtlerinnen und Aktivistinnen massiv ein. Auch Nasser bremste engagierte Frauen aus. Er verbot die Egyptian Feminist Union – was ihn aber nicht daran hinderte, sich auf internationaler Bühne Shaarawis Image zu eigen zu machen.[13]

Den repressiven Kurs bekam auch die Journalistin Doria Shafik (1908–1975) zu spüren, die in den 1940er-Jahren zu den führenden ägyptischen Frauenrechtlerinnen gehörte.[14] Shafik hatte als eine der ersten Ägypterinnen an der Sorbonne in Paris studiert und über die Situation der arabischen Frauen promoviert. Nach ihrer Rückkehr an den Nil begann sie, sich zunächst als Protegé von Hoda Shaarawi zu engagieren; später entfremdeten sich die beiden Frauen und Shafik gründete 1944 die Frauenrechtsorganisation Bint al-Nil (Tochter des Nils), neben der Egyptian Feminist Union die zweite große Frauenrechtsorganisation Ägyptens. Anders als die Egyptian Feminist Union war Shafiks Organisation offener für Frauen aus der Mittelschicht. Shafik war zunächst begeistert von Nassers progressiver Agenda und hoffte auf einen großen Sprung für mehr Frauenrechte.

Doch als bekannt wurde, wie die Kommission zur Erarbeitung der neuen Verfassung für Ägypten zusammengesetzt war, war die Enttäuschung groß: Keine einzige Frau war nominiert worden. Als Protest dagegen begann Shafik 1954 mit einigen Mitstreiterinnen ihren ersten Hungerstreik im Hauptquartier der ägyptischen Pressegewerkschaft in Kairo. Acht Tage lang verzichteten sie auf Nahrung, bis sie von Präsident Naguib die Zusicherung erhielten, die Belange von Frauen würden berücksichtigt. Auch das Wahlrecht gestand Nasser den ägyptischen Frauen 1956 erst zu, nachdem Shafik und ihre Mitstreiterinnen erneut 1954 zum radikalen Mittel des Hungerstreiks gegriffen hatten.[15] Danach hatte Shafik den autoritären Charakter von Nassers Herrschaft realisiert. Als sie 1957 öffentlich gegen die zunehmende Repression unter Nasser protestierte, überschritt sie für das Regime eine rote Linie. »Ich verlange, dass die Regierung den Ägyptern, Frauen und Männern, ihre Freiheit zurückgibt und die Diktatur beendet, die unser Land in Chaos und Niedergang treibt«, schrieb sie in einem Statement und schickte es an internationale Nachrichtenagenturen in Kairo.[16] Danach stellte Nasser sie 18 Jahre lang unter Hausarrest. Aus der ägyptischen Frauenbewegung solidarisierte sich niemand mit ihr. Die meisten Frauenrechtlerinnen im Land passten sich an den neuen, autoritären Kurs an. 1975 stürzte sich Shafik, zermürbt und vereinsamt nach Jahren der Isolation, von ihrem Balkon im fünften Stock einer Wohnung im Kairoer Stadtteil Zamalek.[17]

Neue Stimmen und Themen

Trotz der teilweise engen Spielräume in den 1960er- und 1970er-Jahren gab es auch neue Stimmen und neue Themen unter den Frauenrechtlerinnen. Neben dem Kampf um Reformen im Familienrecht griffen erste Frauen kontroverse und bislang tabuisierte Themen wie das Recht auf Verhütung und – in Ägypten – die grausame Praxis der Genitalverstümmelung auf. Auch über subtilere Formen der Diskriminierung, der psychischen und physischen Gewalt und Ausgrenzung gegen Frauen, wurde jetzt diskutiert. Hier setzte wieder einmal eine Ägypterin die wegweisenden Akzente. Die Ärztin und Autorin Nawal el Saadawi (1931–2021) fand eine radikale Sprache, die es davor unter den Feministinnen nicht gegeben hatte. Als junges Mädchen hatte sich Saadawi erfolgreich einer arrangierten Ehe widersetzt. Als Ärztin, die auch auf dem Land arbeitete, bekam sie einen tiefen Einblick in die harten Lebensbedingungen von Frauen, in ihre Gewalterfahrungen bis hin zu sogenannten Ehrenmorden und ihre gesundheitlichen und psychischen Probleme. Später arbeitete sie im Gesundheitsministerium, doch nach dem Erscheinen ihres Buches *Woman and Sex* 1972 wurde sie entlassen. *Women and Sex* war die erste Publikation, die das Thema Genitalverstümmelung in Ägypten aufgriff und sie als eine destruktive und gefährliche Praxis verurteilte. Saadawi, die selbst im Alter von sechs Jahren beschnitten worden war, konnte aus der Perspektive sowohl der Ärztin als auch der Betroffenen berichten und erschütterte damit die ägyptische Öffentlichkeit.[18]

Mit ihren 50 Sachbüchern und Romanen hat sie immer wieder für Kontroversen in Ägypten gesorgt, weil sie das Thema Sexualität und Religion, die Benachteiligung von Frauen im Familienrecht offen und direkt ansprach. Zehn Jahre nach dem Erscheinen von *Woman and Sex* wurde sie unter Präsident Sadat zusammen mit anderen, vor allem linken Aktivistinnen und Aktivisten, ins Gefängnis geworfen, wo sie ihre Erfahrungen in einem weiteren Buch verarbeitete. In den 1990er-Jahren kursierte ihr Name auf Todeslisten islamistischer Eiferer und 2002 wurden sie der Apostasie beschuldigt, sodass sie für 20 Jahre ins Exil in die USA gehen musste. Gleichzeitig distanzierte sie sich von westlichen Feminismen und forderte einen eigenen, arabischen Weg. »Feminismus ist keine westliche Erfindung«, sagte sie 2019 im Interview mit dem britischen Fernsehsender Channel 4 News,[19]»und Unterdrückung von Frauen ist keine arabische Spezialität. Überall auf der Welt rebellieren Frauen. Wir müssen Frauen ökonomisch, sozial und psychologisch, religiös in ihrem jeweiligen Kontext befreien.« Als Erste sprach Saadawi öffentlich darüber, dass patriarchale Strukturen auch Männer in ihrem Leben einschränken.

Saadawi und Shafik gehörten in Ägypten zu den wenigen Frauen, die sich mit dem autoritären Staatsfeminismus anlegten. In Tunesien waren es häufig Gewerkschaftlerinnen oder Aktivistinnen an den Universitäten, die gegen die autoritäre Führung opponierten. Die Ergebnisse des Staatsfeminismus sind widersprüchlich. Zwar haben die Reformen das Leben von Frauen erleichtert, vor allem in Tunesien. Für all jene Frauengruppen, die nicht direkt mit dem Staat verbunden waren, wurden die Spielräume jedoch sehr eng. Frauenrechte wurden auch für Regimezwecke missbraucht. Sie dienten den Regimen dazu, sich gegenüber den Geldgebern im Westen ein modernes Image zu geben, und ermöglichten es gleichzeitig konservativen Kräften, sich als Bewahrer der authentischen Kultur zu präsentieren. Damit trugen die autoritären Machthaber zur Spaltung der Frauenbewegungen in säkulare und islamisch orientierte Frauen bei.

Symbiose von Staat und Frauenbewegungen

Wie eng Staat und Frauenbewegungen verbunden waren, zeigt sich besonders gut in Tunesien. Hier war 1956 die Union Nationale de la Femme Tunisienne (UNFT) entstanden, eine Art Dachverband von drei Frauenrechtsorganisation als zentrale Institution der tunesischen Staatselite. Die Mitarbeiterinnen der UNFT wurden vom Staat bezahlt und seine Präsidentin vom Regime ernannt. Es wurde erwartet, dass die Organisation die Linie der Bourguiba-Regierung vertritt, was sie auch tat. Gleichzeitig wurden die Rechte von Gewerkschaftlern und Gewerkschaftlerinnen sowie kritischen Studentinnen und Studenten beschnitten.

Unter Bourguibas Nachfolger Ben Ali, der 1987 an die Macht kam, verstärkte sich diese Politik noch. Ben Ali verfügte zunächst in einer zweiten Welle von Reformen in den 1990er-Jahren weitere legale Verbesserungen für Frauen. In weiteren Reformen des Personenstandsrechts 1993 und 1998 erhielten Frauen mehr Autonomie über ihre öffentlichen und privaten Angelegenheiten, endlich wurde auch die Pflicht zum Gehorsam einer Ehefrau gegenüber ihrem Mann abgeschafft, es gab mehr Schutz am Arbeitsplatz und auch die Rechte von Frauen im Falle einer Scheidung wurden nochmals verbessert. Tunesische Frauen erhielten zudem das Recht, ihre Staatsbürgerschaft an ihre Kinder weiterzugeben – auch in diesem Punkt ist Tunesien in der Region vorangegangen. Frauen in Deutschland erhielten dieses Recht übrigens auch erst im Jahr 1974, also erst in jüngster Vergangenheit! In den meisten arabischen Ländern haben Frauen dieses Recht bis heute nicht. Zuvor waren nur die Nachkommen eines Mannes automatisch auch Tunesierinnen und Tunesier. Die Reform war ein wichtiger Schritt auf dem Weg dahin, dass Frauen auch als Staatsbürgerinnen volle Gleichberechtigung erhalten.

Gleichzeitig verschärfte Ben Ali die Verbannung des Kopftuchs aus dem öffentlichen Raum. So konnte er sich gegenüber seinen westlichen Geldgebern als säkular und modern präsentieren – das führte aber auch dazu, dass gerade in ländlichen Gebieten Menschen die neuen Gesetze als gegen ihre islamischen Wurzeln gerichtet empfanden. So stellte sich Ben Ali als Modernisierer dar, der für die Frauenrechte stand und sich gegenüber seinen Kritikern, vor allem Islamisten, einen Vorteil verschaffen und sich so eine loyale Basis unter den urbanen, liberalen Tunesiern schaffen konnte. Wenn die Islamisten an die Macht kommen, dann sind die Frauenrechte wieder gefährdet – das war stets die unterschwellige Botschaft hinter den Reformen. So verschärfte er die gesellschaftliche Spaltung.

Ein Problem des Staatsfeminismus, nicht nur in Tunesien, sondern auch in Ägypten und im Irak, ist auch, dass es ihm nicht gelungen ist, die Menschen mitzunehmen. Weil die Reformen von oben durchgesetzt wurden, mussten sich die jeweiligen Gesellschaften nicht mit ihren frauenfeindlichen Einstellungen auseinandersetzen. Die Akteurinnen der staatlich erlaubten Frauenrechtsorganisationen waren vor allem Frauen aus der urbanen gehobenen Mittel- und Oberschicht; mit ihren Schwestern auf dem Land oder aus den sozial niedrigen Schichten hatten sie nur wenig zu tun. Geschickt schürte Ben Ali die Angst der säkularen Frauenorganisationen vor den Islamisten. Ben Alis Ehefrau Leila Trabelsi wurde zum Symbol für die moderne tunesische Ehefrau und am Internationalen Frauentag standen ihre Erfolge für Frauenrechte im Mittelpunkt – wer es aber wagte, die zutiefst korrupte Trabelsi-Clique und ihre maßlose Selbstbereicherung öffentlich zu kritisieren, musste damit rechnen, in einem der Gefängnisse zu verschwinden. Islamisch orientierte Frauen wurden aus dieser säkular-elitären Frauenrechtsbewegung ausgeschlossen. Frauen, die das Kopftuch trugen, mussten unter Ben Ali mit Schikanen und Verfolgung durch den Staat und seine Sicherheitskräfte rechnen. Wenn sie mit der islamischen Partei Ennahda verbunden waren, dann hatten sie es häufig mit Belästigung und sexueller Gewalt durch die Polizei zu tun, so hat es im Jahr 2015 die Kommission für Wahrheit und Würde nach dem Sturz von Ben Ali aufgearbeitet. Das sagt die prominente tunesische Frauenrechtlerin Yosra Frawes, die ich zum Thema interviewen konnte: »Wenn es Ansätze von Intellektuellen, von Linken oder Feministinnen gab, diese Instrumentalisierung von Frauenfragen durch Bourguiba oder Ben Ali zu kritisieren, um sich einen modernen und demokratischen Anstrich zu geben, dann wurden auch sie vom Staat verfolgt. Fortschritte bei den Frauenrechten gegen Propaganda für das Regime, das war das Angebot des Regimes.«

Säkulare Frauenrechtlerinnen haben sich mit dieser Form der Gewalt gegen Frauen allerdings nicht beschäftigt. Nach dem Sturz von Ben Ali 2011 gerieten sie daher in Erklärungsnot, warum sie nicht solidarisch mit den Frauen aus dem islamischen Spektrum gewesen seien, die noch mal ganz anders unter Verfolgung gelitten hätten. Auch schwarze tunesische Frauen hatten in diesem Feminismus keinen Platz, das sei bitter gewesen, sagte mir Jamila Ksiksi, die einzige schwarze Abgeordnete im tunesischen Parlament, noch kurz vor ihrem tragischen Tod durch einen Autounfall im Dezember 2022. Es bedurfte nach 2011 vieler Diskussionen, um diese Versäumnisse und Missverständnisse zwischen den Frauen auszuräumen.

Heute kritisieren auch Feministinnen der jüngeren Generation den Staatsfeminismus entschieden. So schreibt etwa die Libanesin Farah Daibes, Staatsfeminismus ziele darauf ab, »die Rolle feministischer Bewegungen zu untergraben oder diese Bewegungen ganz verschwinden zu lassen, indem so getan wird, als kümmere sich der Staat bereits um die Belange der weiblichen Bevölkerung«. Außerdem bezögen sich die Reformen eines staatlichen Feminismus fast ausschließlich auf die gesetzgeberische Ebene und würden somit gesellschaftliche und kulturelle Faktoren vernachlässigen, die die Diskriminierung von Frauen verschärfen.[20]

Zweifelhaftes Vermächtnis

So hat die Verbindung von Frauenrechten mit Modernisierung und dem Aufbau eines modernen Nationalstaats auch zur Spaltung zwischen säkularen und islamischen Frauenrechtlerinnen beigetragen, unter der die Region bis heute leidet. Erst in den letzten Jahren, mit dem Niedergang des politischen Islam in Ägypten und im Maghreb, hat sich das etwas abgeschwächt. Und die Arabellion hat dann die Karten vollkommen neu gemischt. Das Säkulare galt lange als modern und demokratisch und als Garant für Frauenrechte, während der politische Islam und zum Teil der Islam als solcher als rückständig, barbarisch und Gegensatz zu Frauenrechten wahrgenommen wurden. Wichtigstes Symbol dafür war das Kopftuch. Diese Aufspaltung hat dazu geführt, dass viele Frauenrechtlerinnen einen erheblichen Teil ihrer Energie darein gesteckt haben, sich von den anderen abzugrenzen. Das hat es autoritären Regimen etwa in Ägypten und Tunesien bis 2011 leicht gemacht, Frauengruppen zu kooptieren. In ihrer Mehrzahl gingen die Frauenorganisationen eine strategische Allianz mit den Machthabern ein und ließen sich als »Aushängeschild vermeintlicher Reformbereitschaft gegenüber westlichen Geldgebern instrumentalisieren«.[21]

Staatsfeminismus ist auch heute keineswegs überholt. In Saudi-Arabien, wo Kronprinz Mohammed bin Salman 2016 seine »Vision 2030« präsentierte und seitdem das Land umkrempelt,[22] stilisiert sich dieser auch als Modernisierer, der die Rechte der Frauen durchsetzen will. So wurde bereits 2017 das Autofahrverbot für Frauen aufgehoben, die Religionspolizei, die einst die Einhaltung der islamischen Kleidervorschriften überwachen sollte, wurde größtenteils aufgelöst. Doch die Modernisierung will sich der Kronprinz ausschließlich selbst auf die Fahnen schreiben, andere Akteure duldet er nicht.[23] Frauenrechtlerin Loujain al-Hathloul, die ein Ende des Fahrverbots für Frauen gefordert hatte, musste für ihren Aktivismus jahrelang ins Gefängnis gehen.[24]

Sechs-Tage-Krieg 1967: Schock und Wendepunkt

Ägyptens Präsident Nasser, 1967 noch der unangefochtene Anführer der arabischen Welt und Held der arabischen Massen, der den Kolonialmächten Frankreich, Großbritannien und Israel in der Suezkrise von 1965 erfolgreich die Stirn geboten hatte, scheiterte mit seinem Angriff auf Israel gemeinsam mit Syrien und Jordanien. Obwohl der Krieg nur sechs Tage dauerte, bedeutete er doch einen tiefen Einschnitt für die ganze arabische Welt. In einem für die arabische Seite überraschenden Präventivschlag gelang es Israel damals, den ägyptischen und syrischen Armeen eine verheerende Niederlage beizubringen und den Sinai, die Golan-Höhen, Ost-Jerusalem und das Westjordanland zu besetzen. Die Niederlage war der Todesstoß für den säkularen Fortschrittsglauben, wie er den arabischen Sozialismus von Regimen in Ägypten, Syrien und im Irak prägte. Ihr Anspruch, die arabische Welt in eine bessere Zukunft zu führen, zerstob angesichts des militärischen Desasters. Politische Versäumnisse, ein hohes Maß an Repression und ein Mangel an Bürgerbeteiligung gab es bereits vorher in den drei Ländern. Durch die Niederlage aber wurden diese Defizite schlagartig für die Öffentlichkeit erkennbar, die davor durch eine militante anti-westliche Rhetorik übertüncht worden waren. Das alles führte zu einem Rechtsruck in den arabischen Gesellschaften, zu einer Re-Traditionalisierung und zum Aufstieg des politischen Islam. Der politische Islam ersetzt zunehmend den Nationalismus als zentrales Merkmal für Identität. Parallel dazu kommt es zum Aufstieg der ölreichen, konservativen Staaten am Golf und insbesondere Saudi-Arabien verbreitet mit viel Geld seinen wahhabitischen, engstirnigen Islam in der Region. Der schwarze Ganzkörperschleier, Niqab, verbreitete sich aus Saudi-Arabien in der ganzen Region. Das Straßenbild veränderte sich. Gab es bis Anfang der 1970er-Jahre kaum Frauen, die ein Kopftuch trugen, sind nun zunehmend konservativ gekleidete Frauen in den Straßen von Kairo, Bagdad und Damaskus zu sehen.[25] Unter der Oberfläche dieses konservativen Rollbacks allerdings vollziehen sich auch weiter Veränderungen in den Geschlechterrollen.

Die Erfahrungen aus dem Staatsfeminismus lehren vor allem eines: Frauenrechte können nicht von autoritären Regimen von oben durchgesetzt, sie können nur zusammen mit demokratischen Rechten für alle realisiert werden.

Kapitel 3

Die Arabellion von 2011 – eine neue Etappe

Am 18. Januar 2011, eine Woche vor dem Beginn der ägyptischen Revolution, ging in Kairo ein Video viral. Gepostet von der damals 26 Jahre jungen Aktivistin Asmaa Mahfouz auf Facebook. Das Video ist bis heute auf Youtube abrufbar. Man sieht auf einem eher unscharfen Bild eine schmale junge Frau mit gestreiftem Pullover und Kopftuch, die klar und schnell spricht. Im Hintergrund sind die typischen Geräusche Kairos zu hören, Stimmen, Lärm, Autohupen. »Ich habe eine simple Botschaft für euch. Ich, eine junge Frau, werde am 25. Januar auf den Tahrir-Platz gehen. Wir müssen dorthin gehen, um unsere grundlegenden Menschenrechte einzufordern. Ich spreche gar nicht einmal von politischen Rechten, wir wollen einfach nur unsere Rechte als Menschen und sonst nichts«, spricht Mahfouz im Video.[1]

Am 25. Januar dann kamen die Menschen, zuerst Hunderte, dann immer mehr, bis Zehntausende sich 18 Tage lang auf dem Tahrirplatz im Herzen Kairos versammelten und sich eine lang angestaute Wut gegen Repression, Armut und Hoffnungslosigkeit friedlich Bahn brach. Sie demonstrierten für Würde, Brot und Freiheit und gegen die Brutalität der Sicherheitskräfte, gegen ein Regime, das sich auf Kosten der Armen bereicherte und die Würde der Menschen schamlos missachtete. Sie schrien und blieben so lange, bis Diktator Hosni Mubarak am 11. Februar nach fast 30 Jahren an der Macht seinen Rücktritt erklärte. Nie im Leben, so sagte Mahfouz später, hatte sie mit einem derartigen Erfolg gerechnet.[2]

Kurz zuvor hatte der Arabische Frühling in Tunesien begonnen. Dort war es der Gemüsehändler Mohammed Bouazizi in der Stadt Sidi Bouzid, der mit seinem Suizid am 17. Dezember 2010 Massenproteste auslöste. Bouazizi nahm sich das Leben, nachdem die Polizei seinen Gemüsestand beschlagnahmt hatte, der seine Existenz war. Die Empörung über den Suizid des Mannes wegen der Willkür von Polizei und Behörden verbreitete sich schnell über die sozialen Netzwerke und in ganz Tunesien strömten die Menschen auf die Straßen und schrien »Dégage« oder »Irhal«: Hau ab, Ben Ali. Am 14. Januar 2011 trat Ben Ali zurück, verließ das Land und ging ins Exil nach Saudi-Arabien, wo er 2019 starb. Die Ereignisse erst in Tunesien und dann in Ägypten lösten ein Beben in der gesamten Region aus. Die Diktatoren in Tunesien, Ägypten und im Jemen stürzten über die Massenproteste. In diesen Arabellionen spielten Frauen eine viel größere Rolle als gemeinhin angenommen. So waren bei den Protesten etwa auf dem Tahrirplatz in Kairo Schätzungen zufolge rund die Hälfte der Protestierenden weiblich. In Tunis auf der Avenue Bourguiba im Herzen der Stadt war es ähnlich, sogar im besonders konservativen Jemen waren Frauen führend mit dabei. Asmaa Mahfouz war damals keine Unbekannte mehr, sie hatte sich als Aktivistin schon einen Namen als engagierte und unerschrockene Frau gemacht. Sie hatte die Jugendbewegung des 6. April mitbegründet, die durch die Unterstützung für die streikenden Textilarbeiterinnen und Textilarbeiter in den Fabriken von Al-Mahalla al-Kubra im Nildelta bekannt wurde. Die Jugendbewegung des 6. April wurde zu einer der größten Graswurzelorganisationen in Ägypten mit einer breiten Basis von rund 70 000 Anhängerinnen und Anhängern. Nachdem sie mit Fragen des Arbeitsrechts begonnen hatten, setzten sie sich zunehmend für allgemeine Belange ein, etwa gegen Vetternwirtschaft und Korruption, gegen die Willkür der Sicherheitsorgane.

Natürlich war nicht allein der Aufruf von Asmaa Mahfouz für die ägyptische Revolution verantwortlich. Es kamen viele Gründe zusammen, warum sich angestaute Wut und Frustration der Menschen Bahn brachen. Aber ihr Video auf Facebook und die große Resonanz, die es fand, waren dennoch revolutionär in einer patriarchalen Gesellschaft, in der zudem das Wort der Älteren mehr gilt als die Wünsche der Jüngeren. Ausgerechnet eine junge Frau ruft ihre Landsleute zum Protest auf – und es kommen Zehntausende. Mona Seif, Aktivistin aus einer bekannten ägyptischen Familie, damals 24 Jahre jung, beschreibt die Zeit während der Proteste und bis zum Rücktritt von Mubarak auf dem Tahrirplatz als eine Erfahrung von Gemeinschaft und Einheit. »Niemals habe ich mehr einen inneren Frieden und eine Sicherheit gefühlt als während dieser 18 Tage auf dem Tahrir. Wenn ich vor dem 25. Januar zu einer Demonstration gegangen bin, haben uns die Männer immer gesagt, wir sollten uns im Hintergrund halten, damit uns nichts passiert, und das hat mich immer geärgert«, sagt sie. »Aber seit dem 25. Januar haben die Menschen begonnen, mich als eine Gleiche zu behandeln. Es gab da einfach eine gegenseitige Bewunderung auf dem Tahrirplatz. Als die Nachricht kam, dass Mubarak zurücktritt, waren wir alle eins.«[3]

Aus der sicheren Distanz in Europa kann man sich schwer vorstellen, was eine Frau wie Asmaa Mahfouz mit ihrem Einsatz riskiert hat. Der Preis dafür war hoch. Mahfouz bekam Drohungen des Geheimdienstes, sie war schlagartig eine Person des öffentlichen Lebens, dabei hatte sie das Rampenlicht nie bewusst gesucht. In einem Interview mit der US-Fernsehjournalistin Amy Goodman wurde sie gefragt, was ihr die innere Stärke dafür gab: »Ich habe so viele Menschen (in Ägypten, Anm. C. M.) sterben sehen, weil sie ihre Rechte verlangt hatten, ich konnte nicht anders«, antwortete sie. »Als ich dann die Millionen von Menschen sah, konnte ich es erst nicht glauben. Ich hatte keine Angst mehr.«[4]

»Du kommst aus einem männlich dominierten Land, du hast dein Leben riskiert, was hat dir die Stärke dazu gegeben?«, hakt die Reporterin noch mal nach. »Freiheit ist etwas ungeheuer Wertvolles«, antwortete die Aktivistin, »dafür muss man Opfer bringen.

Ich habe an den Wandel geglaubt, aber ich habe nicht geglaubt, dass es so schnell gehen würde. (…) Frauen sind stärker als Männer, wir können so viel tun für Freiheit und für das Leben. Glaubt an eure eigene Stärke.«[5]

Prominente Gesichter des Aufstands

Asmaa Mahfouz ist kein Einzelfall, wenn auch eines der prominentesten weiblichen Gesichter der Arabellion. In der gesamten Region waren Frauen entscheidend an den Protesten beteiligt und haben sie oft auch mitinitiiert. In Tunesien waren es vor allem Frauen aus den marginalisierten Regionen im Hinterland, die nach dem Tod des Gemüsehändlers Mohammed Bouazizi die Empörung bis in die Zentren des Landes trugen. Eine Aktivistin aus der Stadt Kasserine berichtet, dass die Frauen von Anfang an in der ersten Reihe dabei waren. Als sich die ersten Komitees zur Verteidigung der Revolution bildeten, waren es vor allem Frauen, die die Beständigkeit der Initiativen sicherstellten. Sie haben Medikamente besorgt, Versammlungen initiiert, die Familien der Toten besucht.[6]

Im konservativen Königreich Bahrain hatte die Aktivistin Jalila Alsalman, eine Lehrerin, Vizepräsidentin des Lehrerverbands, und Mutter, die Proteste der Lehrerinnen und Lehrer organisiert. Am 29. März stürmten Sicherheitskräfte am Abend ihr Haus und verhafteten sie, schon im Nachthemd, vor den Augen ihrer drei Kinder. Als sie 2011 nach Monaten der Haft aus dem Gefängnis entlassen wurde, feierten die Bahrainer sie wie eine Heldin. Tausende kamen an die Gefängnistore, um sie zu bejubeln. In ihrem Heimatdorf hingen riesige Plakate mit ihrem Konterfei. In einem Land, in dem es vorher große Bedenken gab, überhaupt Frauen in politische Ämter zu wählen, war das ein ungeheurer Schritt. Die Menschenrechtsaktivistin Zainab Abdulhadi al-Khawaja, geboren 1983, rief über Twitter ihre Landsleute dazu auf, in Bahrains

Hauptstadt Manama zusammenzukommen. Mit ihrem Account mit dem Namen Angry Arabiya erreichte sie viele Menschen. Als sie bei einem Sit-in 2011 in Manama von einer weiblichen Polizistin vom Platz gezerrt wurde, ging ihr Bild um die Welt. Die bahrainische Dichterin Ayat al-Qurmezi, Jahrgang 1991, traute sich, öffentlich ein Gedicht zu verlesen, in dem sie die Herrscherfamilie des Landes direkt kritisierte – und brach damit ein Tabu. Die Menschen in Bahrain fingen an, diesen Frauen mit großem Respekt für ihren Mut zu begegnen, sie folgten ihnen auf Twitter und hörten, was sie zu sagen hatten.[7] In dem besonders repressiven Königreich hatten ebenfalls im Februar 2011 Tausende für demokratische Reformen und mehr Freiheiten demonstriert. Im März 2011 wurden die Proteste mithilfe saudischer Truppen brutal niedergeschlagen.

Vorbild für die Region: Tawakkol Karman

Auch im Jemen, dem ärmsten Land der Region, waren Frauen entscheidend dafür verantwortlich, dass die Menschen es wagten, gegen den langjährigen Diktator Abdullah Saleh zu demonstrieren. Am 16. Januar 2011 begannen die Proteste vor allem in der Hauptstadt Sana'a und dauerten mehr als ein Jahr, bis Saleh am 27. Februar 2012 zurücktrat. Es waren Frauen, die zu den ersten Protestmärschen aufgerufen hatten, wie die jemenitische Politikwissenschaftlerin Aminah Ali Kandar untersucht hat.[8] Zum ersten Mal seit Jahrzehnten gab es im konservativen Jemen gemeinsame Demonstrationen von Männern und Frauen. Zum Gesicht des Aufstands wurde die Journalistin und Aktivistin Tawakkol Karman. Auch Karman hatte – wie Asmaa Mahfouz – schon eine lange Geschichte des Engagements für Pressefreiheit und Bürgerrechte in ihrem Land hinter sich, als sie die Proteste gegen Saleh 2011 mitinitiierte und als Erste auf dem Taghir-Platz (Platz der Veränderung) in Sana'a kampierte. Nachdem auch sie im Januar 2011 von

Sicherheitskräften verhaftet und inhaftiert worden war, versammelten sich rund 200 Unterstützerinnen und verlangten ihre Freilassung. Nachdem die Demonstrantinnen ihr Ziel erreicht hatten, rief Karman einen »Tag des Zorns« aus, zu dem rund 20 000 Demonstrantinnen und Demonstranten kamen.

Sie hatte einen entscheidenden Anteil daran, dass die Protestbewegung weiter anwuchs. Mit ihren rund 80 000 Followern auf Twitter zu dem Zeitpunkt und 375 000 Anhängern auf Facebook war sie enorm populär und ihr Foto wurde in Protestzelten und auf vielen Handys wie eine Ikone gezeigt. Das ist besonders bemerkenswert, weil im Jemen Fotos von Frauen in der Regel nicht öffentlich gezeigt wurden. Karman, damals noch ein Mitglied der oppositionellen Partei Islah und Mutter von drei Kindern, wurde zu einer wichtigen, wenn auch nicht unumstrittenen politischen Figur. Für viele Jemeniten wurde es während der neun Monate andauernden Proteste zu einem gewohnten Bild, dass Karman auf dem Taghir-Platz mit ihrem Lautsprecher stand und mit Durchhalteparolen die Menschen anfeuerte.

Rund 30 Prozent aller Protestierenden im Jemen waren Frauen und ein Großteil von ihnen stand der Islah-Partei nahe, die mit der Muslimbruderpartei Freiheit und Gerechtigkeit (Hizb Al Hurriyah we Al Adalah) im Jemen verbunden war. Auch Karman, geboren 1979 und Mutter von drei Söhnen, deren Vater Mitglied der Muslimbrüder war, war vor 2011 Abgeordnete im Parlament für diese Partei. Schon vor 2011 hatte sie zahlreiche Proteste für Pressefreiheit, die Freilassung politischer Gefangener und Frauenrechte angeführt, wobei sie sich mit ihrer eigenen Partei anlegte, weil sie eine Erhöhung des gesetzlichen Heiratsalters auf 17 Jahre forderte.[9] Nachdem eine Aktivistin von Sicherheitskräften erschossen worden war – zu dem Zeitpunkt das erste weibliche Opfer –, versammelten sich zehn Tage später Hunderte Frauen zu einem Protest gegen diese staatliche Repression gegen Frauen, bei dem sie ihre Abayas, die schwarzen Umhänge, verbrannten. »Es ist richtig, dass unsere Gesellschaften patriarchal geprägt sind«, sagte Karman in einem Interview im November 2012 mit der ägyptischen Politikwissenschaftlerin Nermin Allam, »aber nach dem Arabischen Frühling gibt es eine neue Wertschätzung unserer Rolle in der Öffentlichkeit. Denn es waren Frauen, die den Prozess von Regime Change und Übergang zur Demokratie angeführt haben.«[10]

Im Alter von nur 32 Jahren bekam sie als erste Araberin den Friedensnobelpreis für ihren gewaltfreien Kampf für Bürger- und Frauenrechte und ihren Beitrag zum Friedensaufbau im Jemen. Frauen wie Tawakkol Karman und Asmaa Mahfouz spielten in allen arabischen Aufständen des Jahres 2011 eine entscheidende Rolle, nicht nur in Ägypten und Jemen. Mit den Protesten quer durch die Region eröffneten sich vollkommen neue Handlungsräume für Frauen. Sie waren von Anfang an und überall mitbeteiligt, oft an führender Stelle. Frauen mit unterschiedlichstem sozialen, ethnischen und religiösen Hintergrund gingen auf die Straßen, schrieben Protestaufrufe im Netz, Seite an Seite mit den Männern, und sahen der Gefahr ins Auge, verhaftet, getötet, vergewaltigt oder belästigt zu werden. Ob auf dem Tahrirplatz in Kairo, der Avenue Bourguiba in Tunis, dem Pearl Platz in Bahrain, auf den Straßen von Damaskus und Sana'a im Jemen: Überall war der Anteil der Frauen bei den Protesten hoch. Sie demonstrierten, posteten auf Facebook und Twitter. Dabei waren diese Frauen in der Regel in keiner Frauenorganisation organisiert, es waren ganz normale Frauen, Mütter, Lehrerinnen.

Nicht nur die prominenten Gesichter, auch viele unbekannte Frauen bewiesen großen Mut. Sie kletterten auf Regierungsfahrzeuge, betrieben Feldkliniken zur Versorgung der Verletzten, sie wurden von Wasserkanonen und scharfer Munition beschossen und trugen wesentlich dazu bei, dass die Proteste friedlich blieben. Es gab auch zahlreiche Opfer unter den Aktivistinnen; Frauen, die von Sicherheitskräften getötet wurden. Ohne die Frauen hätte der Protest nie so lange und so kraftvoll andauern können. Mit ihrem Einsatz haben sie die Grenzen des öffentlichen Engagements von

Frauen entscheidend erweitert und dazu beigetragen, dass sich Araberinnen den öffentlichen Raum erobern.

Ein doppelter Kampf

Es ist kein ganz neues Phänomen, dass arabische Frauen öffentlich in den Straßen protestieren. Wie wir gesehen haben, waren auch während der Kämpfe um nationale Unabhängigkeit Anfang des 20. Jahrhunderts Frauen aktiv dabei und stritten auch in der Öffentlichkeit für die Interessen ihres Landes. Aber eine männlich dominierte Geschichtsschreibung vernachlässigt ihre entscheidende Rolle allzu oft. Auch für 2011 gilt, dass in der Forschung die bedeutende Rolle der arabischen Frauen in den Protestbewegungen noch nicht abschließend bewertet ist. Dabei haben in der ganzen Region Frauen einen doppelten Kampf gekämpft: Wie die arabischen Männer auch stritten sie für Freiheit, Brot und Würde, gegen die Willkür der Diktatoren und die Perspektivlosigkeit der Massen. Gleichzeitig kämpften sie aber auch für ein Ende der Ungleichheit, für ein Ende von Diskriminierung und männlicher Vorherrschaft.[11]

Fatema El Shafee hat das genauso erlebt. Die Ingenieurin und geschiedene zweifache Mutter von erwachsenen Söhnen lebt heute in Deutschland, aber während der Arabellion war sie noch in ihrer Heimatstadt Assiut in Mittelägypten. Sie erinnert sich an 2011, als wäre es gestern gewesen. An die Hoffnungen, an den Mut, den sie damals bewies, die Aufbruchstimmung. Auch in Assiut, einer Stadt im Niltal rund 400 Kilometer südlich von Kairo, gab es Demonstrationen gegen das Regime von Hosni Mubarak und Fatema El Shafee war mittendrin. »Für mich war die Arabellion auch ein Aufbäumen gegen traditionelle Rollenbilder«, sagt die inzwischen 57-Jährige, als wir uns in einem Münchner Café zum Interview treffen. Offen sprechen kann sie nur, weil sie nicht mehr im inzwischen durch und durch autoritären Ägypten lebt. Trotzdem will sie aus Rücksicht auf ihre noch in Ägypten lebende Familie ihren richtigen Namen lieber nicht erwähnen. Deshalb nenne ich sie hier Fatema. »Vor 2011 haben ägyptische Frauen weder politisch noch im sozialen Leben eine Rolle gespielt. Manchmal durften wir noch nicht einmal über unser eigenes Leben bestimmen«, resümiert sie. Das Leben einer ägyptischen Frau ihrer Generation habe darin bestanden, zu heiraten, Kinder zu bekommen und Geld zu verdienen. Ihr Einkommen sollte sie ausschließlich für die Belange der Familie ausgeben, dabei sämtliche Hausarbeit übernehmen und sich um die Schulkarriere der Kinder kümmern. »Das alles ohne jegliche Anerkennung oder Mitspracherechte. Es waren 2011 vor allem die jüngeren Frauen, die gesagt hätten, jetzt ist Schluss«, meint Fatema, »wir haben auch Rechte und ihr Männer müsst uns endlich wertschätzen.«

Fatema El Shafee setzte sich 2011 als alleinerziehende Mutter über die Bedenken ihrer Familie hinweg und ging mit ihren beiden Söhnen demonstrieren. Ihre Familie, so sagt sie, habe sie dafür gehasst. »Für sie war ich komplett verrückt. Dass ich meine beiden Jungs mit auf eine Demonstration nahm, wo wir hätten umgebracht, verhaftet oder belästigt werden können, konnte sie nicht verstehen.« Allein die Tatsache, dass sie als Frau entschied, auf eine Demonstration zu gehen, war für die Familie mehr als befremdlich. »Mein Gott, was hatten sie für überholte Vorstellungen im Kopf.« Die ägyptische Schriftstellerin Salwa Bakr teilt diese Einschätzung: »Frauen aus allen Schichten der Gesellschaft waren an der Arabellion beteiligt«, erinnert sie sich. »Für mich war dieser Aufbruch der Frauen die wichtigste Botschaft der Revolution. Frauen hatten plötzlich das Gefühl, etwas Wichtiges für die ganze Gesellschaft beizutragen.«

Auf den Aufbruch folgt die Restauration

Aus heutiger Perspektive erscheint die große Hoffnung der Menschen 2011 auf eine rasche Veränderung zu optimistisch, ja vielleicht naiv. Denn auf den Aufbruch folgte bald die Ernüchterung. In Ägypten wurde 2012 der Muslimbruder Mohammed Mursi nach freien Wahlen zum Präsidenten gewählt und im Juli 2013 nach Massenprotesten vom Militär unter der Führung von Abdel Fattah al-Sisi gestürzt. Über 800 Anhänger der Muslimbrüder wurden bei einem Massaker in Kairo auf dem Platz Rabaa al-Adawiya von Sicherheitskräften getötet, das größte Massaker in der modernen ägyptischen Geschichte.[12] Asmaa Mahfouz hat sich längst aus jeder Form von Politik oder Aktivismus zurückgezogen, nachdem sie von den neuen Militärmachthabern in den Medien permanent diffamiert und bloßgestellt worden war.

In Syrien, in Libyen und im Jemen haben sich aus den Protestbewegungen blutige Bürgerkriege entwickelt. Im Jemen war 2013 eine Nationale Dialogkonferenz geplant, bei der ein Drittel der Delegierten weiblich war. Sie sollten über eine neue Verfassung entscheiden, die auch die Bürgerrechte von Frauen festschreiben sollte, mit gleichen Rechten wie Männer und mit einer Frauenquote von 30 Prozent für alle wichtigen Positionen mit Entscheidungsvollmacht in einer neuen jemenitischen Regierung. Zudem sollten in der neuen Verfassung einige der besonders Frauen diskriminierenden Gesetze abgeschafft werden. Doch zu früh gefreut. Die Hoffnungen der Menschen, insbesondere der Frauen, erfüllten sich nicht. Mit dem Erstarken der schiitischen Huthi-Rebellen und der Einmischung des Iran versank der Jemen in einem Bürgerkrieg, der zu einer humanitären Tragödie führte.

Tunesien: Ein einzigartiges Zeitfenster für Veränderung

Einzig in Tunesien gelang es, zumindest zunächst, demokratische Strukturen aufzubauen. In der neuen tunesischen Verfassung von 2014 wurden nach einem langen Ringen wichtige gesetzliche Verbesserungen für Frauen festgehalten. Es ist die erste Verfassung in der arabischen Welt, die allen Bürgerinnen und Bürgern gleichermaßen das Recht einräumt, für das Präsidentenamt zu kandidieren. In der Präambel werden das Selbstverständnis der tunesischen Republik und das Prinzip der Gleichstellung von Mann und Frau festgehalten, das ist wegweisend für die gesamte Region. Außerdem sind besonders in den Artikeln 20, 21, 34 und 46 wichtige Bestimmungen zu den Frauenrechten aufgenommen worden. In Artikel 46 heißt es: »Der Staat verpflichtet sich, die von den Frauen erlangten Rechte zu schützen, sie zu bewahren und an ihrer Verbesserung zu arbeiten. Der Staat garantiert die Chancengleichheit unter Frauen und Männern, damit diese auf allen Ebenen unterschiedlichste Verantwortlichkeiten erreichen können. Der Staat arbeitet daran, eine Parität von Frauen und Männern in allen gewählten Gremien herzustellen. Der Staat unternimmt die notwendigen Schritte, um Gewalt gegen Frauen zu unterbinden.« Das ist bahnbrechend für die arabische Welt.

Allerdings mussten die tunesischen Frauen noch mal hart kämpfen, als es um die Formulierung des Verfassungstextes ging. Denn die islamisch-konservative Partei Ennahda, auch die Frauen bei Ennahda, wollten in Artikel 28 statt der Gleichheit der Geschlechter die Komplementarität der Geschlechter aufnehmen. Erst nach öffentlichen Protesten der tunesischen Zivilgesellschaft nahm die Ennahda dieses Vorhaben wieder zurück. Zwar behauptete Ennahda-Chef Rachid Ghannouchi, Komplementarität sei nur ein anderes Wort für Gleichheit. Tatsächlich stammt der Begriff »Komplementarität« in der arabischen Welt jedoch aus dem Umfeld des politischen Islam und weist Frauen eben keine gleiche, sondern eine ergänzende Rolle zu. Nachdem die Ennahda-Führung feststellen musste, dass die Gleichheit der Geschlechter Konsens in der Gesellschaft ist und sie die Zivilgesellschaft gegen sich hatte, wurde der Vorstoß fallengelassen.[13] Auch mit seinem neuen Wahlrecht hat Tunesien wieder einmal Maßstäbe in der Region gesetzt. Das Prinzip der Gleichstellung in den Wahllisten wurde vorgeschrieben, das heißt, 50 Prozent der Kandidaten der Parteien müssen danach weiblich und 50 Prozent der Listenplätze mit Frauen besetzt sein. Für die prominente tunesische Frauenrechtlerin und Juristin Yousra Frawes, die an der Ausarbeitung der neuen Verfassung beteiligt war, sind das »bahnbrechende Rechtsreformen«, die man mit den Reformen des Personenstandsrechts nach der Unabhängigkeit 1956 unter Bourguiba vergleichen könne (siehe Kapitel »Staatsfeminismus«). Für zentral hält sie auch das Gesetz 58 zum Schutz von Frauen vor allen Formen der Gewalt (siehe Kapitel »Gewalt gegen Frauen«) und das Gesetz zum gendersensiblen Haushalt. »In einer sehr kurzen Zeitspanne wurden viele frauenfreundliche Gesetze erlassen, für die es normalerweise 20 bis 30 Jahre braucht«, meint Frawes im Interview, das ich im Jahr 2022 mit ihr führen konnte.

In Tunesien hat sich durch den immerhin mehr als zehn Jahre dauernden demokratischen Aufbruch ein einzigartiges Zeitfenster geöffnet. Es zeigt sich aber auch, dass grundlegende Frauenrechte nur im Kontext von demokratischen Reformen und Bürgerrechten für alle möglich sind. Solche Quantensprünge brauchen ferner ein Mindestmaß an wirtschaftlicher Stabilität; eine Gesellschaft, die nur noch mit dem Überleben beschäftigt ist, kann diese Energie für Neues nicht aufbringen. Bereits im Jahr 2021 hat sich auch in Tunesien das Zeitfenster für den demokratischen Aufbruch wieder geschlossen. Nach der putschartigen Machtübernahme von Präsident Kaies Saied in Tunis im Juli 2021 werden wieder Freiheiten eingeschränkt und Reformvorhaben abgebrochen. Saied hat die von seinem Vorgänger angestoßene Debatte über eine Reform des Erbschaftsrechts für beendet erklärt und die Umsetzung des Gesetzes zum Schutz von Frauen vor Gewalt von 2017 torpediert.

So wurde ein im Gesetz vorgesehener Hilfsfonds für Betroffene nicht eingerichtet. Die tiefgreifende Wirtschaftskrise, das Ausbleiben der Touristen, die Corona-Pandemie und die stark gestiegenen Lebensmittelpreise als Folge des Ukraine-Kriegs haben die junge Demokratie in dem kleinen arabischen Vorreiterland an den Rand des Zusammenbruchs gebracht. Die meisten Tunesierinnen und Tunesier sind jetzt damit beschäftigt, irgendwie über die Runden zu kommen; angesichts der tiefgreifenden sozialen und wirtschaftlichen Krise wollen viele nur noch weg.[14]

Yosra Frawes und andere Frauenrechtlerinnen fürchten um das Erreichte, weitere Reformen wie zum Beispiel beim Erbrecht, wo Frauen auch in Tunesien noch benachteiligt sind, sind nach ihrer Auffassung wohl nicht zu erwarten. Sie fürchten auch, dass die nach 2011 neu erlassenen Gesetze jetzt nur auf dem Papier stehen; wie alle Gesetze müssen sie in die gesellschaftliche Praxis und die Wertvorstellungen einsickern, aber auch in Form von Haushaltsbudgets und politischen Vorschriften umgesetzt werden. All das stockt nun in Tunesien.

Was bleibt von der Arabellion?

13 Jahre nach den arabischen Aufständen ist die Ernüchterung groß in der Region. Aus dem Protest der Massen gegen die Autokraten sind verheerende Bürgerkriege und noch repressivere Regime hervorgegangen. Die Wiederaufnahme von Syriens Diktator Bashar al-Assad in die Arabische Liga im Mai 2023 nach einem Jahrzehnt der Isolation – obwohl er politisch für den Tod von mehr als 500 000 seiner Landsleute und millionenfache Vertreibung verantwortlich ist – stellt einen Tiefpunkt dar.[15] Auch die zweite Welle der Arabellionen in Algerien, im Libanon und im Irak brachte keine grundsätzlichen politischen Verbesserungen. Im Sudan führte sie nach dem Sturz von Machthaber Omar al-Bashir trotz eines hoffnungsvollen Anfangs und einer besonders starken Zivilgesellschaft

im Vergleich mit den anderen Ländern der Region zum Kampf der Generäle, die das gesamte Land in den Abgrund zogen.[16]

Politisch also ist die Arabellion im Nahen Osten und in Nordafrika vorerst gescheitert; offensichtlich brauchen die Prozesse zur politischen Veränderung wesentlich länger als von vielen angenommen. Aber gesellschaftlich hat die Arabellion durchaus wichtige Veränderungen angestoßen: Bisher totgeschwiegene Probleme wie Gewalt gegen Frauen kamen ans Tageslicht und werden seitdem von einer Öffentlichkeit ernster genommen, die sensibler für solche Fragen geworden ist. Themen rund um den weiblichen Körper und die sexuelle Selbstbestimmung können offener angesprochen werden. Familienbilder und Geschlechterrollen ändern sich, nicht zuletzt durch die ökonomischen und technologischen Veränderungen. Die Auflösung traditioneller Familienstrukturen vor allem in den Großstädten schafft mehr Freiräume für Frauen, das führt aber auch zu neuen Ängsten und Unsicherheiten bei Männern und Frauen, die Gegenbewegungen in Form von islamistischen Denkweisen und der Betonung traditioneller Werte hervorrufen.

Der größte Wandel geschieht wohl in den Köpfen der Frauen selbst. Heute sind Frauenrechtlerinnen nicht mehr (nur) Frauen aus der städtischen Oberschicht, heute gibt es viel mehr Akteurinnen, sagt die marokkanische Soziologin Fatima Sadiqi, die seit Jahrzehnten über arabische Frauenbewegungen forscht, in meinem Interview. »Die arabische Frauenbewegung ist heute keine Bewegung im klassischen Sinn mehr. Sie ist lokaler ausgerichtet und hat eher konkrete Probleme im Fokus wie zum Beispiel häusliche Gewalt, sexuelle Belästigung am Arbeitsplatz oder Ungleichheit in Erbschaftsfragen. Vieles passiert heute mehr an der Basis.« Und noch etwas anderes kommt hinzu: Frauen in ländlichen Gebieten hätten vor 2011 so gar nicht im Fokus von Feministinnen gestanden, meint Sadiqi. Die Rechte von Analphabetinnen, die auf dem Land arbeiten, dort unter schwierigen Arbeitsbedingungen, Armut, mangelnder Hygiene und Arbeitsunfällen leiden, von Migrantinnen, Flüchtlingsfrauen, Hausmädchen und Fabrikarbeiterinnen würden nun mehr ins Bewusstsein der Frauenrechtlerinnen dringen. »Die Frauenbewegungen sollten ihnen auf jeden Fall mehr Aufmerksamkeit schenken. Ich muss sagen, dass wir nicht viel für diese Frauen getan haben. Aber seit 2011 sehe ich einen großen Sprung nach vorne.« Auch Yousra Frawes räumt ein, dass die Frauenbewegungen immer noch Schwierigkeiten haben, zum Beispiel Landarbeiterinnen zu erreichen, um gemeinsam für mehr Arbeitsschutz und bessere Löhne zu kämpfen. Doch die Zeiten, da die Frauenbewegungen aus betuchten Damen der Oberschicht bestanden, die von der Realität in den Slums der Großstädte und auf dem Land keine Ahnung hatten, diese Zeiten sind endgültig vorbei.

Kapitel 4

Knackpunkt Familienrecht – Bastion des Patriarchats

An einem Frühlingstag in Marrakesch wärmt die Sonne gnädig, ohne zu brennen. Auf dem Platz Djemaa el Fna sind die Gaukler und Schlangenbeschwörer, die Gnawa-Musiker und Geschichtenerzähler schon voll im Einsatz. Touristinnen und Touristen drängen sich an den Essständen und bewundern die Artisten. Die alte Königsstadt mit ihren labyrinthischen Gassen, den Souks, Palästen und Karawansereien ist eine Hochburg des Marokko-Tourismus. Im modernen Teil von Marrakesch, abseits der touristischen Attraktionen, lässt der Rummel nach. Am Stadtrand ist vom Glanz der alten Königsstadt nicht mehr viel zu spüren. Ich nehme mir ein Taxi und fahre in den Stadtteil Targa zum Trainingszentrum der Organisation Amal[1] (deutsch: »Hoffnung«), einem Projekt, das Witwen, Geschiedene und Alleinerziehende stärken will. Hier bin ich mit der Leiterin des Zentrums, Oumaima Mjiihr, und einigen ihrer Trainees verabredet.

Küchengeräusche dringen durch das offene Fenster, Töpfe scheppern, die neckenden Rufe der Frauen sind zu hören. »Wir machen jetzt ohnehin eine Pause«, meint Mjiihr und führt mich in den Garten des Hauses. Wir setzen uns auf eine Bastmatte in den Schatten eines Flammenbaumes, zusammen mit Mona, 31 Jahre alt. Sie absolviert bei Amal gerade eine Ausbildung zur Köchin. In ihrem weißen Kittel, der orangen Schürze und einem schwarzen Kopftuch sieht sie jünger aus, als sie ist. Die alleinerziehende Mutter von zwei Kindern stammt aus Ouarzazate im konservativen Süden Marokkos; sie sucht in der Touristenhochburg nach einer neuen

Perspektive für ihr Leben. Mona ist geschieden, sie hat zwei Kinder. Sie erzählt ihre Geschichte; eine Tragödie, wie sie viele Frauen in Marokko erleben. Es ist eine Geschichte von scheiternden Beziehungen und einem wenig verständnisvollen familiären Umfeld. Es ist auch eine Geschichte über konservative Moralvorstellungen, nach denen immer Frauen die Schuldigen sind, niemals Männer.

Monas Ehemann trank und schlug sie im Suff. Sie hielt es nicht mehr aus und ließ sich scheiden. Damals hatte sie eine Tochter gemeinsam mit ihrem Ex-Mann. Ihre Scheidung konnten die Eltern noch irgendwie akzeptieren. Sie sahen es ein, dass ein Zusammenleben mit dem immer häufiger Betrunkenen unmöglich war. Nach ihrer Scheidung lernte Mona dann einen neuen Mann kennen, verliebte sich, hoffte auf ein neues Leben in geregelten Bahnen, auf eine eigene Familie, auf Sicherheit. Der Mann versprach, er wolle sie heiraten. Doch als sie schwanger war, verschwand er schnell aus ihrem Leben. Eine Katastrophe für die junge Frau. Ihrer Familie erzählte sie davon lieber nichts. »Meine Familie weiß nichts von meinem zweiten Kind, einem Jungen«, sagt sie. »Nur meine Schwester. Der Rest der Familie ist mir egal«, fügt sie trotzig hinzu. Nicht das gebrochene Versprechen des Mannes wäre Anlass zu Gerede, die Schuld würde allein ihr zugeschoben.

In Ouarzazate konnte sie nicht bleiben, das Getratsche über ihren Lebenswandel hätte sie sozial vollkommen isoliert. Auf der Suche nach Arbeit ging sie nach Marrakesch, schlug sich als Putzhilfe durch. »In Marrakesch ist es für eine alleinstehende Frau leichter. Deswegen bin ich hierhergekommen«, erzählt sie. Der Tourismus schafft Arbeitsplätze, die Stimmung ist liberaler. Aber leicht ist es nicht, allein mit zwei Kindern. Der Ausschluss aus der Familie sei für viele Frauen sehr schmerzhaft, ergänzt Oumaima Mjiihr. In einer Gesellschaft, in der die Familie immer noch im Zentrum steht, ist es nur schwer auszuhalten, wenn man von diesen sozialen Bindungen abgeschnitten ist. Die Frauen stehen dann ohne Unterstützung da, oft auch ohne jegliche finanzielle Mittel. Viele landen auf der Straße, müssen betteln oder rutschen in die Prostitution.

Konservative Wertvorstellungen und gesellschaftliche Doppelmoral machen es Alleinerziehenden schwer in Marokko, vor allem in ländlichen Gebieten. Das liegt auch daran, dass Sex außerhalb der Ehe in Marokko illegal ist. Der noch aus der Kolonialzeit stammende Artikel 490 im Strafgesetzbuch wurde bis heute nicht abgeschafft. Abtreibungen sind keine Alternative, denn sie sind nur unter sehr eingeschränkten Bedingungen erlaubt, etwa wenn das Leben der Mutter in Gefahr ist, nach Vergewaltigung, Inzest oder schweren Geburtsfehlern des Fötus.[2] Für Frauen wie Mona ist eine legale Abtreibung daher keine Option. Und eine illegale auch nicht, denn dabei riskieren Frauen ihr Leben und machen sich zudem noch strafbar.

Theoretisch könnte ihr sogar die strafrechtliche Verfolgung drohen, weil sie außerhalb der Ehe schwanger geworden ist. Auch wenn das in der Praxis kaum geschieht, stellt es die Frauen doch vor eine besonders schwierige Situation. Ihre Kinder können nur unter großen Schwierigkeiten gesetzlich anerkannt werden. Von der Gesellschaft stigmatisiert, leben viele Alleinerziehende in erdrückender Armut. Nach Angaben der im Oktober 2022 verstorbenen Frauenrechtsaktivistin Aicha Chenna, Gründerin der Organisation Solidarité Feminine Association, werden jeden Tag fast 25 Babys von verzweifelten Müttern ausgesetzt. Manche landen im Mülleimer. Dabei sind die Frauen keine Randgruppe: Nach Angaben von Aicha Chenna liegt der Anteil unehelicher Kinder bei 13,4 Prozent aller Geburten in Marokko.[3] Bis in die 1980er-Jahre wurde das harte Los der Alleinerziehenden in Marokko komplett verschwiegen. Natürlich wusste jeder und jede davon, aber in der Öffentlichkeit war das Thema tabu. Inzwischen ist das anders, gerade Aicha Chenna hat mit ihrem Engagement einen großen Anteil daran, dass heute die Medien berichten und Nichtregierungsorganisationen entstanden sind, die Hilfe in der Not anbieten.

Eines dieser Projekte ist das Trainingscenter Amal, wo die Frauen während ihrer Ausbildung ein kleines Stipendium sowie Fahrtkostenerstattung und kostenlose Mahlzeiten erhalten. Allerdings ist die Nachfrage nach der Ausbildung wesentlich größer als die Anzahl der Ausbildungsplätze, die Amal anbieten kann. Während der Corona-Pandemie musste das Trainingszentrum seinen Betrieb sogar ganz einstellen. »Wir haben etwa 270 Bewerbungen für jeden Lehrgang, können aber nur 30 bis 35 Frauen aufnehmen«, sagt Oumaima Mhijir. Die Ausbildung gilt als qualifiziert und wer es bis zum Abschlusszertifikat bringt, hat gute Chancen, als Köchin in Marrakesch auch Arbeit zu finden. »Niemand verlässt das Training ohne Arbeit«, betont Mhijir. Mona tat sich anfangs noch schwer bei der Ausbildung. Das lag nicht am Kochen. Ob Pizza und Spaghetti oder marokkanische Tajjine-Gerichte, das Zubereiten der Mahlzeiten ging ihr leicht von der Hand. Aber sie konnte weder lesen noch schreiben, das musste sie erst lernen, aber das Lernen war sie nicht gewohnt. Deshalb schaffte sie die Ausbildung nicht im ersten Anlauf. Aber sie biss sich durch. Als eine der Besten konnte sie das Training abschließen, wie Mhijir erzählt.

Marokko: Reform des Familienrechts

Die Trainerin und Leiterin des Zentrums weiß, wie schwierig die Situation für Frauen wie Mona ist. »Aber diese Frauen sind unglaublich taff. Es ist für sie nicht leicht, sich von übler Nachrede und der weit verbreiteten Doppelmoral nicht beeindrucken zu lassen. Auch das Wort ›Schande‹ fällt schnell.« Aber Mhijir meint auch, dass sich die Wertvorstellungen ändern. »Man hört weniger auf andere und ihr Getratsche«, sagt sie. »Aber es ist auch wichtig, dass Frauen offen über ihr Schicksal reden und sich mit ihrer Geschichte nicht verstecken.« Die marokkanische Gesellschaft wandelt sich, aber der Wandel geschieht langsam. Alle Schritte sind mühsam erkämpft. Fortschritte auf dem Papier dringen erst nach und nach in die gelebte Praxis durch, aber auch sie sind wichtig. 2004 war dabei ein zentrales Jahr für Frauenrechte in Marokko. In dem Jahr wurde das marokkanische Familienrecht *Moudawana* reformiert, das 1957, ein Jahr nach der Unabhängigkeit des Landes von Frankreich, erlassen worden war.[4]

Die Reform des Familienrechts löste die Scheidung nach traditionell islamischen Vorstellungen ab, die es Frauen fast unmöglich macht, sich legal zu trennen, während Männer ihre Frauen nach Belieben mit dem dreimaligen Aussprechen der mündlichen Formel »Ich scheide mich« verstoßen dürfen. Mit der Reform wurde das Recht auf gegenseitige Scheidung aufgrund unüberbrückbarer Differenzen eingeführt, das Heiratsalter auf 18 Jahre für Männer und Frauen angehoben, der Vormund (»Wali«) für volljährige Frauen abgeschafft, genauso wie die Bestimmung, dass eine Ehefrau ihrem Mann gehorchen muss. Heute haben marokkanische Frauen nach einer Scheidung Anspruch auf Sorgerecht für die Kinder und auf Unterhaltszahlungen von ihrem Ex-Mann, auch wenn diese pro Kind und Monat eher dürftig bemessen sind. In der Praxis nehmen es nur wenige Frauen auf sich, Unterhalt einzuklagen: Gerichtsverfahren sind zu aufwendig, zu teuer und zu langwierig. Für eine Frau wie Mona ist es vollkommen unrealistisch, gegen ihren Ex-Mann vor Gericht zu ziehen, weil sie sich die hohen Anwaltskosten gar nicht leisten könnte und es ungewiss ist, wie das Gerichtsverfahren ausgehen würde.

Trotz dieser einschneidenden Verbesserungen enthält das neue Familienrecht aber immer noch etliche Unzulänglichkeiten, die von Nichtregierungsorganisationen und Frauenrechtlerinnen von Anfang an kritisiert wurden. Dazu gehören zum Beispiel die Bestimmungen zur Polygamie, die zwar eingeschränkt, aber nicht generell abgeschafft wurde (ein Tribut an die Konservativen) wie in Tunesien, wo sie sogar unter Strafe steht. Trotz der Anhebung des Heiratsalters gibt es in Marokko nach wie vor ein großes Problem mit Kinderehen, vor allem in ländlichen Regionen.[5] Außerdem bleibt der Vater im Normalfall der Erziehungsberechtigte der Kinder, nur in Ausnahmen wird das Erziehungsrecht auf die Mutter übertragen.

In der neuen marokkanischen Verfassung von 2011, erlassen nach den Stürmen des Arabischen Frühlings, wurde die universelle Gleichheit der Geschlechter festgeschrieben. In Artikel 19 heißt es, dass »Männer und Frauen (…) die gleichen Rechte und Freiheiten von bürgerlichem, politischem, wirtschaftlichem, sozialem, kulturellem und ökologischem Charakter« genießen. Der Artikel verspricht außerdem, die Verwirklichung der Gleichstellung von Mann und Frau voranzutreiben.[6] Das ist eine bahnbrechende Formulierung und ein echter Fortschritt. Gleichzeitig bestehen aber Bestimmungen im Familienrecht, die diesem Anspruch auf Gleichheit der Geschlechter entgegenstehen. Sie sorgen dafür, dass Frauen in der Familie weiterhin eine untergeordnete Stellung haben. Die fortschrittliche Beschreibung der Geschlechterrollen in der neuen Verfassung wird dadurch konterkariert. Neben den bereits erwähnten Einschränkungen zum Beispiel beim Recht auf Abtreibung oder bei der Frage der Erziehungsberechtigung gehört dazu auch das ungerechte Erbrecht, das nicht angetastet wurde – ein besonders heißes Eisen. Im September 2023 mahnte König Mohammed VI. knapp 20 Jahre nach der Reform der *Moudawana* eine erneute Überarbeitung des marokkanischen Familienrechts an und gab einer dafür eigens geschaffenen Kommission sechs Monate Zeit für einen Entwurf.[7] Das Beispiel aus Marokko zeigt ein grundlegendes Dilemma in der arabischen Welt, wenn es um Frauenrechte geht: Das Familienrecht ist zu einer Bastion von Gesetzen geworden, die Frauen diskriminieren, und sie zu ändern, hat sich – trotz Fortschritten wie in Marokko – als schwierig erwiesen, weil sich konservative Kräfte in Politik und Gesellschaft vehement dagegenstellen.

Ein rechtlicher Mix

Generell hat die Gesetzgebung in arabischen Ländern unterschiedliche Quellen, was für Widersprüche sorgt. Sie besteht aus einem Mix aus Rechtsvorschriften, die größtenteils aus dem Code Napoléon und weiteren westlichen Rechtskodizes übernommen wurden und damit einen säkularen Hintergrund haben, und den Vorschriften des islamischen Rechts bei Fragen der Familie und des Personenstands. Das Familienrecht beruht in Marokko – und generell in der arabischen Welt – auf klassischem islamischen Recht nach einer der vier Rechtsschulen des sunnitischen Islam, in Marokko ist das die malikitische Rechtsschule (nur in der Türkei wurde das islamische Recht vollständig aus dem Rechtskodex verbannt und an seiner Stelle Schweizer Recht eingeführt). Wie stark das Personenstandsrecht religiös geprägt ist, variiert von Land zu Land. Während etwa im Jemen oder in Saudi-Arabien das Familienrecht eins zu eins die Vorschriften aus der Scharia übernimmt, hat sich in Tunesien das unter Präsident Bourguiba direkt nach der Unabhängigkeit im Jahr 1956 erlassene (und danach weiter reformierte) Personenstandsrecht am weitesten von den islamischen Vorgaben gelöst. Die meisten anderen Länder liegen irgendwo dazwischen.[8]

Während Frauen in Politik, Wirtschaft, Medien und Wissenschaft auf dem Vormarsch sind, ihr Zugang zu Bildung und Berufen deutlich verbessert wurde, macht das Familienrecht sie in ihrem Privatleben in Teilen zu Bürgerinnen zweiter Klasse. Reformen bei Scheidung, Heiratsalter, Polygamie, Regelungen des Unterhalts- und Sorgerechts für Kinder sind heftig umstritten geblieben. Das heißt nicht, dass Veränderungen unmöglich sind, denn die Bestimmungen im islamischen Recht sind nicht in Stein gemeißelt. Sie sind wandelbar und können auch fortschrittlich ausgelegt werden. Es gibt auch Islamgelehrte, die progressive Auslegungen vertreten, doch die Mehrheit der Gelehrten in der arabischen Welt vertritt konservative Positionen und verteidigt sie mit Zähnen und Klauen gegenüber Ansätzen zu einer Reform von innen, denn sie fürchten um ihre Machtposition.

Feministinnen und Frauenorganisationen haben sich seit den Ursprüngen der Frauenbewegungen für eine Änderung dieser Gesetze eingesetzt. Doch alle Diskussionen über Änderungen in diesem Bereich geraten in besonderer Weise zum Schauplatz der Auseinandersetzung zwischen konservativen und reformorientierten Kräften. Alle Debatten über Änderungen im islamischen Familienrecht werden schnell zu Fragen der Identität. Sie rütteln an der Macht der Gelehrten und rufen die Konservativen auf den Plan; sie lösen hitzige Kontroversen aus, bei denen die Frauenrechtlerinnen häufig massiv angegriffen werden.

Das hat dazu geführt, dass zum Teil Jahrhunderte alte Vorstellungen, die erst Anfang des 19. Jahrhunderts kodifiziert wurden, immer noch gelten. Bis heute dürfen sich nach ägyptischem Recht Männer von ihren Frauen trennen wie von einem Möbelstück. Allerdings erleichtert es die im Jahr 2000 eingeführte sogenannte Khol-Scheidung den Frauen, eine Ehe zu beenden.[9] Nach dem Khol-Prinzip müssen Frauen keine Gründe für eine Scheidung angeben, verlieren aber alle ihre finanziellen Ansprüche, auch ihre Brautgabe »mahr« müssen sie zurückzahlen. Dafür dauert die ganze Prozedur nur rund ein Jahr, auch Erleichterungen beim Sorgerecht sind damit verbunden. Nach der Einführung der Khol-Prinzips gingen die Scheidungsraten durch die Decke. Heute laufen fast 70 Prozent der von ägyptischen Frauen eingereichten Scheidungen nach Angaben der ägyptischen Statistikbehörde CAMPMAS nach dem neuen Khol-Scheidungsverfahren. Etliche Länder in der Region, wie etwa Jordanien 2001, auch Saudi-Arabien, der Jemen, Algerien, Mauretanien, Katar und die Emirate haben die Khol-Scheidung in ihr Recht übernommen. Sie ist ein Beispiel dafür, wie Verbesserungen im Rahmen des islamischen Rechts möglich sind. Optimal sind Khol-Scheidungen allerdings nicht, denn Frauen verlieren alle ihre finanziellen Ansprüche.[10] Das Überleben ohne Unterhalt in einer arabischen Großstadt kann sehr hart sein. Zudem ist es für

Frauen aufgrund kultureller Barrieren, fehlender Kinderbetreuung und kaum vorhandenem öffentlichen Nahverkehr schwieriger, eine Arbeit zu finden.

Der Mann als Vormund

Der männliche Vormund gilt – außer in Marokko und Tunesien – in zahlreichen Ländern immer noch und schränkt das Leben von Frauen erheblich ein. In Ägypten führten Frauenrechtsaktivistinnen 2023 eine Kampagne zur Abschaffung dieses frauenfeindlichen Gesetzes. Einen Vormund, »wali«, zu haben – also einen Vater oder Ehemann, der wichtige Entscheidungen für Frauen trifft –, schränkt Frauen massiv ein. Wenn zum Beispiel ein Familienvater stirbt, gehen die Vormundschaft über die gemeinsamen Kinder unter 18 Jahren und die Verfügungsgewalt über die gemeinsamen Finanzen auf den Großvater väterlicherseits oder einen anderen männlichen Verwandten aus der väterlichen Linie über. Die Mütter haben da nichts zu sagen. Im Ramadan 2023 erregte eine 15-teilige Fernsehserie mit dem Titel *taht wasayah* (»Unter Vormundschaft«) in Ägypten die Gemüter.[11] Es ist die Geschichte einer Mutter von zwei Kindern, die nach dem Tod des Ehemanns vor dem Nichts steht, weil die Verwandtschaft die Kontrolle über das Fischerboot, die einzige Einnahmequelle der Familie, übernimmt. Der Schwiegervater meldet die Kinder von der Schule ab. Das Recht dazu hat er als Vormund.

Von einem anderen Beispiel für die massiven Einschränkungen, die dieses Recht den Frauen auferlegt, berichtet die Aktivistin Rania Abdelrahman vom Women and Memory Forum in Kairo. Es betrifft medizinische Eingriffe an den Fortpflanzungsorganen. Das Gesetz bedeute, vor einer Operation oder medizinischen Behandlung an der Gebärmutter, den Eierstöcken oder vor irgendeinem Eingriff, der die Fruchtbarkeit beeinträchtigen könnte, im Krankenhaus das Einverständnis des Vormunds präsentieren zu müssen (außer in Notfällen). Sonst dürfe der Eingriff nicht vorgenommen werden, sagt Rania Abdelrahman, die ich dazu interviewen konnte. Das Forum hat die Kampagne für die Abschaffung des »Wali«-Gesetzes in Ägypten angestoßen. Ähnliche Einschränkungen gelten bei der Eröffnung eines Bankkontos oder dem Abschluss einer Versicherung. Selbst in Bereichen, wo das Gesetz Freiräume einräumt, werden diese nicht umgesetzt. So dürfen Frauen zum Beispiel ab dem Alter von 21 Jahren in Ägypten nach dem Gesetz selbst bestimmen, wen sie heiraten. Doch de facto wird bei der Eheschließung die Zustimmung des Vaters verlangt. »Wir haben zwar nicht die Hoffnung, dass dieses Gesetz bald abgeschafft wird«, sagt Rania Abdelrahman, die in ihrem Hauptberuf an der Anglistik-Fakultät der Cairo University unterrichtet, »aber wir wollen die Aufmerksamkeit in der Gesellschaft dafür schaffen, was der männliche Vormund an Härten für Frauen bedeutet und wie ungerecht diese Regelung ist.« Nur so könne das nötige Bewusstsein geschaffen werden, damit eines Tages eine Gesetzesänderung möglich wird. Doch bis jetzt sind alle Bemühungen, das Gesetz zu reformieren oder abzuschaffen, stets im Sande verlaufen.

Die Vorstellung, Frauen bräuchten einen Vormund, der ihre Angelegenheiten regelt, ist auch der europäischen Rechtsprechung nicht fremd. In Deutschland hatte ein Mann bis 1958 das alleinige Bestimmungsrecht über seine Ehefrau und die gemeinsamen Kinder. Um berufstätig zu sein, brauchte eine Frau die Erlaubnis ihres Ehemannes.[12] Selbst, wenn er dies erlaubte, durfte er über ihren Lohn verfügen. Außerdem durfte er den Arbeitsvertrag seiner Frau ohne ihre Zustimmung fristlos kündigen. Das änderte sich erst im Jahr 1977!

Der gesellschaftliche Wandel hat in Deutschland dazu geführt, dass diese überholten und frauenfeindlichen Gesetze abgeschafft wurden. Der Wandel kann auch in der arabischen Welt dazu beitragen, Reformen anzustoßen; manchmal überholt die soziale Realität das Recht. Man kann das am Beispiel der Polygamie sehen. Die Polygamie ist in arabischen Ländern außer in Tunesien offiziell nicht verboten. Ein Mann darf nach wie vor mehrere Frauen heiraten, doch wird diese Mehr-Ehe außer in sehr konservativen ländlichen Regionen wie zum Beispiel im Süden Jordaniens, in Teilen Syriens oder unter Beduinen kaum noch gelebt. In den Städten ist sie nicht mehr »in«. Der Wandel der Lebenswelten macht manche rechtliche Benachteiligung obsolet. Anders gesagt, die soziale Praxis ändert sich manchmal schneller als der rechtliche Rahmen.

Wir gehen: Frauen reichen die Scheidung ein

Der gesellschaftliche Wandel macht sich auch bei den Scheidungsraten bemerkbar. Denn trotz der hohen Hürden bei Scheidungen für Frauen sind sie es, die zunehmend ihre Männer verlassen, um ein neues Leben zu beginnen. Die Zahl der Scheidungen hat in der ganzen Region enorm zugenommen, eine Folge der sich verändernden Geschlechterrollen. Laut einer Studie des Egyptian Cabinet's Information and Decision Support Center sind Kuwait, Ägypten, Jordanien und Qatar die vier arabischen Länder mit der höchsten Scheidungsrate. Fast die Hälfte aller Ehen in Kuwait wird geschieden (48 Prozent), in Ägypten sind es 40 Prozent, ebenso fast 40 Prozent in Jordanien und in Qatar. Im Libanon und in den Vereinigten Arabischen Emiraten gehen immerhin noch ein Drittel aller Ehen auseinander (34 Prozent).[13]

Für die Psychologin und Familientherapeutin Mona Youssri vom American Hospital in Dubai ist das eine Folge der sich wandelnden Rollenbilder. Arabische Frauen würden heute immer mehr nach Selbstverwirklichung streben und das kollidiere zunehmend mit dem Bild der Frau, die sich um Heim und Familie kümmert, sagt sie gegenüber der israelischen Zeitung *Jerusalem Post.*[14] Arabische Frauen aus der Mittelschicht sind heutzutage gebildet, berufstätig und sie haben höhere Ansprüche an die Männer und an eine Beziehung. Das Bild von der duldsamen Ehefrau, die ihrem Mann die Bedürfnisse von den Lippen abliest und keinen Widerspruch wagt – es stimmt nicht mehr, falls es überhaupt jemals gestimmt hat. Auch der Bedarf an Ehekursen und Paartherapien hätte deutlich zugenommen, meint die Psychologin Youssri.[15] Mit der hohen Zahl von Scheidungen verbessert sich die gesellschaftliche Akzeptanz von Geschiedenen, in konservativen ländlichen Regionen langsamer, in den Städten schneller. Mancherorts ist es immer noch ein Stigma, geschieden zu sein. Mona ist aus Ouarzazate im konservativen Süden Marokkos in das offenere Marrakesch gezogen, weil es hier leichter für sie ist. Frauen aus der Mittel- und Oberschicht haben da viel weniger Probleme als eine Analphabetin aus dem ländlichen Marokko. Ja, das habe sich verändert, meint die ägyptische Ingenieurin Fatema El Shafee. Sie ist schon lange geschieden und hat den sozialen Druck als alleinerziehende Mutter von zwei Söhnen erlebt. »Lange war es tatsächlich ein Stigma, geschieden zu sein. Man fühlte sich einfach furchtbar schlecht.« Ihre Familie habe sie gedrängt, zu Hause zu bleiben, nicht allein auszugehen; sie hat das aber nicht akzeptiert und ihr eigenes Ding gemacht. »Weil ich immer berufstätig war, konnte meine Familie sich nicht durchsetzen«, meint die 57-Jährige.

Heute würden junge Ägypterinnen zum Studium in eine andere Stadt ziehen oder allein leben – zumindest in den Großstädten. Sie heiraten später, manche gar nicht, und stellen damit alte Rollenmuster infrage, die lange Zeit als unverrückbar galten. Dieser Wandel hat auch ökonomische Gründe: Der alte Kontrakt, wonach der Mann als Ernährer für die Familie verantwortlich ist und die Frau sich um den Haushalt und die Erziehung der Kinder kümmert, zerbricht. Männer können dieser materiellen Verantwortung nicht mehr gerecht werden, weil sie keine Jobs finden, mit denen sie bei steigenden Lebenshaltungskosten allein eine Familie ernähren können – eine Entwicklung, die wir auch aus Europa kennen, die aber angesichts einer chronischen Wirtschaftskrise in der arabischen Welt (außer am Golf) noch mal verstärkt ist. Männer sind zunehmend darauf angewiesen, dass auch die Frauen berufstätig sind oder vielleicht als Einzige eine Arbeit finden. Für junge Männer ist es schwierig, überhaupt eine Familie zu gründen, denn traditionell müssen sie ihrer Braut nicht nur eine Wohnung stellen, sondern auch den komplett eingerichteten Hausstand. Secondhand gilt übrigens nicht, es muss schon alles neu sein.

Aufgrund der schwierigen Wirtschaftslage gehen viele Männer auf der Suche nach Arbeit ins Ausland, etwa in die Golfstaaten. Selbst wenn sie zuverlässig Geld nach Hause schicken (was nicht immer der Fall ist), sind die Frauen dann mit ihren Kindern auf sich allein gestellt. Sie stellen die Weichen für die Schulausbildung der Kinder, fällen im Alltag Entscheidungen und übernehmen die Verantwortung. Immer mehr Familien haben überhaupt keinen männlichen Ernährer mehr, sondern werden von Frauen geführt, die allein den Alltag mit ihren Familien bestreiten müssen. Am Nil wird heute rund ein Drittel der Familien von alleinerziehenden Frauen gemanagt. Die ökonomischen Realitäten haben die alte Vorstellung vom Mann als alleinigem Ernährer und Oberhaupt der Familie längst überholt, auch wenn konservative und religiöse Kreise dieses Idealbild immer noch hochhalten.

Gefangen in der Ehe: Arabische Christinnen

Ein besonderes Problem bei Scheidungen haben die arabischen Christinnen. Auch wenn ein weit verbreitetes Vorurteil glaubt, sie seien freier als die Musliminnen, haben sie es bei Scheidungen schwerer. Solange Staat und Religion nicht getrennt sind, unterliegen sie in der gesamten Region den kirchlichen Rechtsvorschriften. Die orientalischen Kirchen, ob koptisch, griechisch-orthodox oder mit dem Vatikan uniert, akzeptieren Scheidungen für beide Partner aber nur in eng gefassten Ausnahmen, etwa im Falle eines Ehebruchs oder nach dem Übertritt eines der beiden Partner zum Islam. In der Praxis führt das dazu, dass es für arabische Christinnen noch schwieriger ist als für Musliminnen, sich legal scheiden zu lassen. Selbst wer das geschafft hat, steht vor neuen Hürden, wenn sie noch mal heiraten will. Denn für eine zweite Ehe ist eine eigene kirchliche Erlaubnis notwendig – das gilt auch für Männer.[16] In Ägypten, mit der größten christlichen Minderheit in der Region, den Kopten, unterliegen allein rund zehn Millionen Menschen, etwa 10 Prozent der Bevölkerung, diesen rigorosen Bestimmungen. Seit dem Arabischen Frühling im Jahr 2011 machen Koptinnen und Kopten Druck auf ihre Kirche. Mit öffentlichen Kampagnen werben Gruppen wie Copts 38 oder Right for Life für die Zivilehe.[17] In Jordanien, wo nur rund 3 Prozent der Bevölkerung Christen, meist griechisch-orthodox, sind, habe die Organisation Young Women's Church Association (YWCA) das Thema aufgegriffen und damit viel Resonanz gefunden, sagt Anwältin Lina Khader im telefonischen Interview. Bei Veranstaltungen in mehreren Städten des Landes konnten sich Frauen über das Kirchenrecht und seine Folgen für ihr Leben austauschen.

Khader vertritt im Auftrag von Menschenrechtsorganisationen wie Sisterhood is Global und Mizan Law Group Christinnen, die sich trennen und vor ein kirchliches Gericht ziehen wollen. Ich frage sie nach ihren Erfahrungen. »Für uns in Jordanien ist das ein großes Thema«, sagt Khader. Die Verfahren vor den kirchlichen Gerichten seien auch für Juristen undurchsichtig, langwierig und für viele Betroffene zu teuer, kritisiert sie. Für ein Scheidungsverfahren müsse man mit bis zu umgerechnet 10 000 Euro an Gerichts- und Anwaltskosten rechnen. In einem Land wie Jordanien, wo ein Lehrer keine 500 Euro im Monat verdient, ist das ein kleines Vermögen. Die kirchlichen Richter seien fast ausschließlich Männer, von der jeweiligen Kirchenhierarchie eingesetzt. Ihnen fehle es an Verständnis für die Lebenswelt von Frauen. Angesichts einer steigenden Zahl von Scheidungswilligen seien die Kirchengerichte zwar manchmal bereit, auch andere Gründe als Ehebruch und Abfall vom Glauben zuzulassen, meint die Anwältin. Doch der Ausgang der Verfahren hänge vom Ermessen des einzelnen Richters ab.

Ganz schwierig wird es beim Sorgerecht für die Kinder. Hier folgen auch die verschiedenen christlichen Kirchen der traditionellen islamischen Auffassung, dass Väter die entscheidenden Weichen in Erziehung und Ausbildung stellen sollen. Sie habe schon erlebt, dass vor den kirchlichen Gerichten regelrecht darum geschachert wird, bei wem die Kinder bleiben dürften, meint Khader. 2019 habe der griechisch-orthodoxe Patriarch Theofilus III. mit Sitz in Jerusalem eine Reform der Scheidungsverfahren angekündigt, auch bei den mit Rom verbundenen Kirchen werden Verbesserungen diskutiert. Doch seitdem ist nichts passiert.

Heißes Eisen: Das Erbrecht

Ein besonders heißes Eisen ist, wie bereits erwähnt, das Erbrecht. Denn hierbei geht es um Besitz und Reichtum. Nach traditioneller islamischer Rechtsauffassung erhält nach dem Tod des Vaters ein Sohn das Doppelte dessen, was eine Tochter bekommt. Wenn zum Beispiel eine Familie eine Tochter und zwei Söhne hat, dann erhalten die beiden Söhne jeweils zwei Fünftel des Vermögens und die Tochter ein Fünftel. Hatte der Mann keine Söhne, dann erben seine Brüder zulasten der Töchter. Begründet wurde dies häufig damit, dass Frauen das Erbe zu ihrer eigenen Verfügung bekommen würden, während Männer aufgrund ihrer Verpflichtungen gegenüber Ehefrauen und Kindern ihr Erbe ja ohnehin der Familie zukommen lassen würden. Deshalb stehe ihnen mehr zu als den Frauen. Was zu Zeiten der Entstehung des Koran eine Verbesserung für Frauen war (im Vergleich zur vorkoranischen Situation, als Frauen gar nicht erbberechtigt waren), benachteiligt Frauen in der heutigen Welt massiv. Die Regelung führt teilweise zu Tragödien. So kann es zum Beispiel passieren, dass eine Tochter ihr Elternhaus mittellos verlassen muss, wenn der Bruder es nach dem Tod des Vaters erbt und die Schwester loswerden will. Doch nur in wenigen arabischen Ländern gibt es eine Diskussion über das Erbrecht, diese verläuft aber sehr hitzig.

In Tunesien wurde 1959 eine Art rechtliches Schlupfloch ermöglicht. Es wurde legal, dass Eltern ihren Töchtern noch zu Lebzeiten Besitztümer vermachen. Das Erbrecht wurde damit aber nicht grundlegend angetastet. Auch in Marokko ist das islamische Erbrecht ein symbolisch aufgeladenes Thema, das an tief sitzende kulturelle Prägungen rührt. In Umfragen ist eine große Mehrheit der Marokkaner beiderlei Geschlechts gegen eine Änderung. Viele Menschen halten die Bestimmung für göttlich legitimiert. In Tunesien, wieder einmal Vorreiter in der Region, stand eine Reform des islamischen Erbrechts im Jahr 2017 auf dem Plan.[18] Der damalige Präsident Essebsi hatte im August angekündigt, das Erbrecht solle an die neue Verfassung von 2014 angepasst werden, in der ausdrücklich die Gleichberechtigung von Frau und Mann festgehalten ist.

Diese Gleichberechtigung müsse auch im Erbrecht durchgesetzt werden, das sogar im liberalen Tunesien bis dato islamischen Prinzipien folgte. Dazu setzte Essebsi eine parlamentarische Kommission ein, die einen Entwurf für ein neues Gesetz vorlegen sollte. »Die Frage des Erbrechts ist in Tunesien ein Tabuthema ähnlich wie die Entkriminalisierung der Homosexualität oder die Abschaffung der Todesstrafe«, sagte damals Bochra Belhaj Hmida, zu dem Zeitpunkt Präsidentin der Kommission für individuelle Freiheiten und Gleichberechtigung.[19] Die Reaktionen auf Essebsis Vorstoß waren unterschiedlich. Während die Gelehrten der Al-Azhar in Kairo die Initiative schnell als einen Akt »gegen die Lehren des Islam« bezeichneten, stimmten der Oberste Mufti Tunesiens und die gemäßigten Islamisten der Ennahda-Partei dem Vorstoß zu und verbaten sich die Einmischung aus Kairo. In manchen Moscheegemeinden wurden die Aktivisten für eine Reform des Erbschaftsrechts jedoch als Apostaten verleumdet und bedroht. Wieder andere Kritiker warfen Essebsi vor, er wolle mit seiner Idee einer Reform des Erbschaftsrechts vor allem im Westen Eindruck machen und so von anderen politischen Versäumnissen ablenken.

Doch der Vorstoß versandete und nach dem Tod Essebsis im Juli 2019 sowie in der zunehmend fragilen wirtschaftlichen und sozialen Lage in Tunesien nahm keine der politischen Parteien die Idee wieder auf. Nachdem im Juli 2021 der neue Präsident Kais Saied das Parlament entmachtet hatte und zunehmend autokratischer im Land regierte, waren weitere Reformen zugunsten von Frauen ohnehin vom Tisch. Dass es bei der Frage des Erbrechts vor allem um handfeste materielle Interessen geht, zeigt das Beispiel der arabischen Christen. Die Kirchen entscheiden selbst, welche Maßstäbe sie im Familienrecht anlegen, der Staat mischt sich hier nicht ein. Auch das Erbrecht unterliegt dieser religiösen Gesetzgebung – das gilt für die gesamte Region. In Fragen des Erbrechts urteilten die orientalischen Kirchen häufig nach islamischem Recht und benachteiligten Frauen damit, vor allem wenn Land im Spiel sei, meint Anwältin Lina Khader aus Jordanien im Interview, das ich mit ihr führen konnte. Christliche Kirchen übernehmen beim Erbrecht islamische Rechtsvorstellungen – zum Nachteil von Frauen. Es ist naheliegend, dass hierbei materielle Begehrlichkeiten im Vordergrund stehen, das meint wenigstens Anwältin Lina Khader. Denn es ist nicht der Staat, der die Kirchen zu dieser Regelung verpflichtet. »Die Kirchen sind in Fragen der Moral genauso konservativ wie die Vertreter des Islam«, sagt die Anwältin. Aber die arabischen Christinnen wollen das nicht mehr hinnehmen.

In Ägypten hat die koptische Anwältin Huda Nasrallah ihren Fall mit Erfolg durchgefochten.[20] Ihr Vater hatte Nasrallah und ihren zwei Brüdern ein bescheidenes Haus hinterlassen. Ihre Brüder seien bereit, fair mit ihrer Schwester zu teilen, betonte Nasrallah. Aber als Anwältin wollte sie das von einem Gericht bestätigt wissen. Es sei nicht einzusehen, dass ihr als Christin nur die Hälfte vom Erbe zustehe. Nasrallah zog also vor Gericht und verlor zunächst in zwei Instanzen. Im November 2019 aber gab ihr ein Berufungsgericht in Kairo recht. »Viele koptische Männer ziehen es vor, von den islamischen Gesetzen zu profitieren«, betonte Nasrallah nach ihrem Sieg vor Gericht in einem Interview mit der Zeitung *Al Ahram*.[21] Ob das Urteil im Fall Nasrallah ein Anzeichen für ein generelles Umdenken in der koptischen Kirche ist, muss sich erst noch zeigen. Die sozialen Realitäten wandeln sich, doch die Gesetze tragen dem noch nicht Rechnung. Die Gesellschaften haben sich in den letzten zwanzig Jahren massiv verändert. Bis heute bleibt das Familienrecht eine Bastion frauenfeindlicher Gesetze, auch wenn der gesellschaftliche Wandel dieses zunehmend unterhöhlt. Auf einen grundlegenden Wandel im Recht müssen die arabischen Frauen weiter warten.

Kapitel 5

Sexuelle Selbstbestimmung

Beirut ist schon lange kein »Paris des Ostens« mehr. Lange Zeit rühmte sich die Metropole am Mittelmeer, die liberalste und freieste Hauptstadt des Nahen Ostens zu sein, bekannt für ihre Bars und das Nachtleben und als Heimat von Künstlerinnen und Autoren. Konfessionelle und religiöse Vielfalt trugen zum liberalen Klima Beiruts bei, das offener war als in Kairo oder Damaskus. Seit der verheerenden Explosion im Hafen 2019 und einem wirtschaftlichen Verfall ohnegleichen ist Beirut nicht mehr die glitzernde Party-Hauptstadt des Nahen Ostens. Trotzdem werden in Beirut immer noch eher heikle Themen angesprochen als in den meisten anderen arabischen Ländern.

Hier sind die Feministinnen von der Medienplattform Khateera zu Hause, die Videos für die ganze Region produziert. Das arabische »Khateera« ist die weibliche Form des Wortes »gefährlich«, und gefährlich wollen die Frauen der Plattform auf jeden Fall sein. Gefährlich für ihre Gesellschaften, in denen manche Themen bis heute mit so starken Tabus belegt sind, dass sie immer noch meist einfach unter den Teppich gekehrt werden. Aber in Beirut können die Frauen von Khateera – wenn auch gegen Widerstände – ihre witzigen, sarkastischen Comedy-Programme produzieren, die inzwischen im gesamten Nahen Osten bekannt sind. »Was erschreckt unsere Gesellschaften am meisten – auch wenn wir alle 40 Minuten daran denken?«, fragt die jordanisch-palästinensische Moderatorin Maria Elayan in einem Video das millionenfache Publikum. Trommelwirbel, dann antwortet sie: »Sex. Überraschung, oder?«[1]

So direkt wie die Frauen des 2020 gegründeten Medienunternehmens sprechen nur wenige in der Region das Thema Sex an. Das kommt an. Die Videos werden millionenfach angeklickt. Die Serie *Smatouha Minni* (deutsch: »Du hast es von mir gehört«), deren Gesicht Maria Elayan ist, wurde bis jetzt mehr als 26 Millionen Mal gesehen, die 1,5 Millionen Follower von Khateera auf Instagram kommen aus Saudi-Arabien, Jordanien, Libyen, dem Irak und Ägypten; zwei Drittel von ihnen sind Frauen.[2] Khateera greift Themen wie Sex, Liebe und Doppelmoral auf. Auch die Positionen arabischer Männer kommen zu Gehör. Es sind jeweils als Männer verkleidete Darstellerinnen, die typisch männliche Einwände auf die Spitze gebracht präsentieren. Im Video über Sex fragt Moderatorin Maria Elayan noch mal nach: »Warum haben unsere Gesellschaften solche Angst vor der Lust der Frauen?«, um anschließend über die physiologischen Unterschiede zwischen männlicher und weiblicher Lust zu informieren. Dann wird eine Szene eingeschoben, in der Elayan einen Mann mit Schnauzbart und gestreiftem Hemd spielt, der seine Frau bedrängt. Er will Sex, sie wickelt gerade ein Baby und hat keine Lust. »Die Gesellschaft geht davon aus, dass Frauen keine sexuellen Bedürfnisse haben«, sagt Elayan im Video und weiter: »Unsere Gesellschaften glauben allen Ernstes, dass Frauen bis zu ihrer Hochzeitsnacht ohne sexuelle Bedürfnisse durchs Leben gehen und dann auf einen Schlag zur ›Königin des Sex‹ werden. Niemand findet das merkwürdig.« Frauen würden Sex als eine »eheliche Pflicht« oder einen gesellschaftlich notwendigen Akt ansehen. An dieser Stelle schiebt Khateera wieder einen typisch männlich-arabischen Einwand ein: »Die Idee der weiblichen Lust ist etwas für Europäerinnen«, verkündet die als Mann mit Anzug und Bart verkleidete Maria Elayan. »So etwas haben wir hier nicht.« Am Ende des Videos gibt Elayan Tipps für Frauen und für Paare, ermutigt Frauen, über ihre sexuellen Wünsche zu sprechen, und plädiert für sexuelle Aufklärung in der Schule.

Sex im Wandel der arabischen Geschichte

Die Mischung aus Comedy und Information ist beliebt, dennoch weiß Amanda Abou Abdallah, die libanesische Gründerin, Produzentin und Regisseurin von Khateera, dass sie und ihr Team sich auf dünnem Eis bewegen. Denn Sex und Selbstbestimmung über den eigenen Körper sind bis heute immer noch Tabu in der arabischen Welt. Das war nicht immer so. Europäische Reisende in den Orient wie der französische Romancier Gustave Flaubert berichteten im 19. Jahrhundert begeistert, wie freizügig etwa in Ägypten sexuelle Beziehungen gelebt wurden, inklusive Homosexualität und Prostitution; beides hat der Autor ausgiebig selbst ausgelebt. Die arabische Kultur sei lange Zeit eher sexfreundlich eingestellt gewesen, meint die ägyptische Autorin Shereen el Feki. In ihrem Buch über das arabische Liebesleben im Wandel, *Sex und die Zitadelle*[3], beschreibt sie, wie sich die Einstellung gegenüber Sex verengt hat und welche Rolle der Einfluss Europas dabei spielte.

In der Zeit der islamischen Blüte vom 8. bis zum 10. Jahrhundert habe es eine offene Einstellung gegenüber Sexualität gegeben, die man als ein Geschenk Gottes an die Menschen gesehen habe, schreibt El Feki. Es habe eine lange Liste von Schriften, ob nun Literatur, Poesie oder Selbsthilfe-Bücher, über Sexualität gegeben, oft von religiösen Gelehrten geschrieben, die sich dem Thema mit erstaunlicher Offenheit und mit viel Humor näherten. Als ein Beispiel nennt sie die *Enzyklopädie der Lust* aus dem 10. und 11. Jahrhundert in Bagdad. In 43 Kapiteln beschreibt das Buch alle erdenklichen sexuellen Praktiken und Präferenzen. Die Botschaft der Enzyklopädie sei eindeutig, schreibt El Feki: Sex sei ein Geschenk Gottes, das die Menschen genießen sollten. In einem komplizierten historischen Prozess gingen dieser Pragmatismus und diese Offenheit über die Jahrhunderte mehr und mehr verloren. Eine wichtige Rolle spielten dabei der Niedergang der islamischen Wissenschaften und Kultur und der zunehmende Druck durch die europäischen Kolonialmächte Ende des 19. Jahrhunderts. Manche Denker, insbesondere

Vertreter des politischen Islam wie die Muslimbrüder in Ägypten, machen heute die sexuelle Freizügigkeit – insbesondere auch die Homosexualität – für den Niedergang der arabischen Welt verantwortlich. Dabei sei das Gegenteil der Fall gewesen: Nach und nach sei es zu einer immer stärkeren Verengung gekommen, so Feki. Puritanische Vorstellungen aus dem Europa der Kolonialzeit wurden übernommen und die Abgrenzung zwischen erlaubtem und verbotenem Sex strikter.

Wie wenig Mitsprache arabische Frauen häufig in den Schlafzimmern hatten, beschreibt die Autorin Alawiyya Sobh, Jahrgang 1955, in ihrem 2002 zunächst auf Arabisch erschienenen Roman *Marjams Geschichten*[4] auf drastische Weise. Sobh, Libanesin und eine wichtige Stimme im Literaturbetrieb ihres Landes, erzählt in dem 2010 in deutscher Übersetzung bei Suhrkamp erschienenen Roman vom Leben einiger Frauen aus mehreren Generationen im Libanon und wirft dabei einen schonungslosen Blick auf intimste Lebensbereiche. Sobh schildert, wie Männer annehmen, selbstverständlich über den weiblichen Körper verfügen zu dürfen, autorisiert durch Tradition und die patriarchale Gesellschaft. Sie nehmen sich, was sie wollen. Wie es den Frauen geht, spielt keine Rolle. Zu den Schlüsselszenen in ihrem Roman gehört die Passage, in der die Mutter der Ich-Erzählerin Marjam in der arrangierten Ehe von ihrem Mann zum Sex gezwungen und dabei ans Bett gefesselt wird. Sie hatte sich ihm zuvor eine Weile verweigert. »In dieser Szene offenbaren sich die patriarchale Gesellschaft und die sexuelle Gewalt in ihrer ganzen Dimension«, sagte Alawiyya Sobh in einem Interview zu dieser Szene in ihrem Roman. »Das hat mit Sensationslust, die man mir oft vorwirft, nichts zu tun, sondern eher mit dem Tabu, das dieses Thema bei uns immer noch umgibt.«[5]

Bestimmung über den eigenen Körper

Was Sobh beschreibt, ist sicher drastisch; ihr wurde oft Einseitigkeit vorgeworfen. Aber ihr Roman ist ein Beispiel dafür, wie Frauen heute das Thema Selbstbestimmung über den eigenen Körper aus dem Dunkeln ans Licht holen. Denn ohne Selbstbestimmung über den eigenen Körper ist jede Emanzipation nur lückenhaft. »Solange wir nicht offen über Sex reden, kann es keinen echten Fortschritt geben«, so die tunesisch-französische Gender-Forscherin und Feministin Sophie Bessis.[6] Er sei das Zentrum der Frage von Frauenrechten. Aber es ist ein sehr viel schwierigeres Thema als etwa rechtliche Benachteiligung, weil es an tief sitzende kulturelle Prägungen rührt. Eine sexuelle Revolution, wie sie Europa seit den 1960er-Jahren erlebt hat, ist in der arabischen Welt zwar noch nicht in Sicht. Aber seit der Arabellion von 2011 drängt das Thema zaghaft durch eine Mauer des Schweigens an die Oberfläche. Es sind weniger die organisierten Frauenbewegungen, die darüber sprechen, als einzelne, mutige Frauen. Die traditionell-patriarchale Sichtweise, in der Männer über den Körper von Frauen verfügen, bekommt subtile Risse.

»Mein Körper gehört mir, er gehört nicht dem Staat, nicht der Moschee, nicht der Kirche, er gehört mir allein«, sagt die radikale ägyptische, in den USA lebende Feministin Mona Eltahawy.[7] »Bleibt alle weg von meiner Vagina, es sei denn, ich wollte irgendeinen von euch darin empfangen«, schreit sie regelrecht bei einer ihrer Ted-Konferenzen ins Mikrofon. Eltahawy gehört zu einer kleinen Minderheit von radikalen Feministinnen, die in sehr direkten Worten eine sexuelle Revolution fordern. Der Humor und die sarkastische Distanz der Frauen von Khateera sind Eltahawy fremd. Allerdings lebt die Ägypterin in den USA. Für den Großteil der Frauen und Männer in der arabischen Welt ist ihre Wortwahl eher abschreckend.

Die meisten Frauen, die das Thema Sex ansprechen, wählen eher Worte, die in einer islamisch geprägten Gesellschaft weniger anstößig wirken. In der Sache wollen sie jedoch genauso Frauen ermutigen, zu eigenen Bedürfnissen zu stehen und sexuell selbstbestimmt zu leben. Die Ägypterin Alyaa Gad etwa (die mittlerweile in Zürich lebt) informiert in ihrem eigenen TV-Kanal über Sex und Reproduktionsrechte.[8] Neben diesen neuen technologischen Möglichkeiten verändern aber auch soziale und ökonomische Faktoren die Rolle und den Stellenwert von Frauen. Damit tragen sie auch zu neuen Formen der Selbstbestimmung über den eigenen Körper bei. Wie sehr sich traditionelle Vorstellungen von Ehe und Familie abschwächen, zeigen die Forschungen der algerischen Soziologin Fatma Oussedik. Kaum jemand hat diese Veränderungen so detailliert dokumentiert wie sie. Lange Jahre hat sie an der Universität Algier Soziologie gelehrt. Nach ihrer Berentung fand sie endlich die Zeit für ein langjähriges Forschungsprojekt, das ihr besonders am Herzen lag. Sie hat eine umfassende Untersuchung des Familienlebens in den algerischen Städten Algier, Oran und Annaba durchgeführt und dazu Hunderte von Familien befragt.[9] »Wir sind eine Gesellschaft im Wandel, eine lebendige Gesellschaft«, meint Oussedik bei unserem Interview über Zoom. Oussedik, die sich selbst als Feministin bezeichnet, stammt aus einer bekannten Familie in Algerien. Sie gehört zu den Frauen der ersten Generation nach der Unabhängigkeit des Landes von Frankreich im Jahr 1962, die die neuen Bildungschancen ausgiebig nutzten.

Genau diese Bildungschancen hätten zusammen mit der Urbanisierung und den Folgen der Globalisierung die familiären Strukturen und auch die Geschlechterrollen in den letzten Jahrzehnten massiv aufgebrochen. Der Umzug vom Land in die Stadt, das Verlassen des Hauses der Großfamilie und der Umzug in eine Wohnung mit der Kleinfamilie, zur Schule und zur Universität, vielleicht sogar zum Studium ins Ausland zu gehen und Kontakte mit dem Rest der Welt zu pflegen, etwa durch Reisen: All das zusammen habe das Leben der Algerierinnen und Algerier stark verändert, meint die Soziologin. »Bis in die 1970er-Jahre hat die Mehrheit der

Bevölkerung noch in ländlichen Gebieten gelebt, heute wohnen rund 70 Prozent der Algerierinnen und Algerier in den Städten, vor allem im Norden des Landes.« Als zentrale Faktoren für Veränderung macht sie neben der Urbanisierung die neuen Bildungschancen von Mädchen und Frauen aus. Heute besuchten 98 Prozent der Kinder eine Grundschule, unabhängig vom Geschlecht, viele gingen auf eine weiterführende Schule und an den Universitäten seien 70 Prozent der Studierenden weiblich. »Das ist ein Trend, den wir weltweit sehen, und zwar quer durch die Fakultäten«, sagt sie. Die neuen Bildungschancen hätten die Stellung von Frauen in den Familien enorm aufgewertet.

Freie Partnerwahl oder arrangierte Ehe?

Auch wenn die Frauenerwerbsquote immer noch niedrig ist – in Algerien liegt sie bei rund 20 Prozent: Wenn Frauen einem Beruf nachgehen und dann über ein eigenes Einkommen verfügen, verändere das ihren Status grundlegend, meint die Soziologin. »Berufstätige Frauen entscheiden heute über die wirtschaftlichen Fragen einer Familie«, fasst sie zusammen. Aber was hat das mit dem Selbstbestimmungsrecht über den eigenen Körper zu tun? Sehr viel. Mehr Bildung und ein eigenes Einkommen beeinflussen auch die Partnerwahl. Frauen stellen höhere Ansprüche an eine Beziehung, sie wollen romantische Gefühle, Wertschätzung und einen eigenen Freiraum für Studien oder Berufstätigkeit. Die in eine arrangierte Ehe gedrängte junge Frau ohne Entscheidungsbefugnis über den eigenen Körper, drangsaliert von Ehemann und Schwiegermutter, sie gehört immer mehr der Vergangenheit an. Noch vor zwei oder drei Generationen wurden Ehen standardmäßig von den Eltern arrangiert, manchmal mithilfe professioneller Heiratsvermittler. Zwar gibt es immer noch arrangierte Ehen (vor allem in ländlichen Gebieten). »Doch heute heiratet eine algerische Frau erst mit 30 Jahren, ein Mann mit 35«, hat Fatma Oussedik bei ihren

Forschungen herausgefunden, »und was auch neu ist in unseren Gesellschaften: Es gibt etwa seit dem Jahr 2000 in Algerien Frauen, die gar nicht heiraten, etwa 6 Prozent aller Frauen. Sie leben allein, treffen ihre Entscheidungen allein, beteiligen sich an sozialen Bewegungen, reisen allein oder mit anderen Frauen.« In der Regel handelt es sich hierbei um urbane Frauen, die einen qualifizierten Job etwa in einem Ministerium haben und sich entweder mit anderen Frauen eine Wohnung teilen oder auch allein leben. Das sei aber nur in einer Großstadt und auch dort nur in bestimmten Vierteln möglich, in ländlichen Regionen noch nicht. Dort gehen die Uhren nach wie vor anders.

In einem patriarchalen System besteht die Aufgabe der Männer darin, die Familie zu ernähren und sie nach außen zu verteidigen; die Rolle der Frauen ist es, Kinder zu gebären. Aber dieses System bröckelt. Heute werden arabische Frauen nicht mehr auf das Kinderkriegen reduziert. Ihre Möglichkeiten haben sich erheblich erweitert. »Daran sieht man, wie sehr die Rollenvorstellungen sich wandeln«, so Oussedik. »Heute haben wir sogar Paare, die zusammenleben, ohne dass sie verheiratet sind – vor 20 Jahren noch undenkbar.« Viele Veränderungen spielen sich so ab, dass nach außen hin ein konservatives Familienbild gewahrt bleibt. »Die Männer brauchen das so«, betont Oussedik. »Sie sind ohnehin in der Defensive.« Sie habe bei ihren Untersuchungen immer wieder junge Menschen gefragt, ob die Eltern den Partner ausgesucht hätten. Die Antworten seien sehr interessant, meint sie und muss ein bisschen schmunzeln: »Meistens bekomme ich von der jüngeren Generation die Antwort, nein, unsere Eltern haben uns nicht ausgesucht, wir haben uns auf Facebook kennengelernt.« Neben den sozialen Medien seien Universitäten und der Arbeitsplatz die wichtigsten Heiratsmärkte. Trotzdem würden die jungen Paare den Eltern ihre Partner präsentieren und nach außen hin deren Zustimmung suchen. Wer nur oberflächlich auf die Eheanbahnung schaut, sieht dann nur die Zustimmung der Eltern. Dass sich davor junge Menschen kennengelernt und verliebt haben und wir eine ganz andere

Form der Eheschließung sehen als noch vor zwei, drei Generationen, kann dann schon mal aus dem Blick geraten. In der gesamten Region geht die Zahl der arrangierten Ehen zurück.[10]

Ehre und Schande

Mit der freien Partnerwahl geraten auch die traditionellen Vorstellungen von Ehre ins Wanken. »Ehre« und »Schande« sind Begriffe, die für moderne, rechtsstaatlich organisierte Gesellschaften in Europa sehr weit weg sind. In traditionellen Gesellschaften mit schwachen staatlichen Strukturen spielen sie dagegen eine große Rolle, unabhängig davon, ob diese islamisch, christlich oder wie zum Beispiel in Indien hinduistisch geprägt sind. Im gesamten Mittelmeerraum, auch in Süditalien, Griechenland, Albanien und der Türkei spielt die Vorstellung von »Ehre« eine zentrale Rolle. »Ehre« als soziale Grundlage hat sich in Gesellschaften entwickelt, in denen allein die soziale Gruppe, der Clan, die Familie oder der Stamm so etwas wie eine soziale Sicherheit bietet. Der oder die Einzelne kann hier nur durch ein Netz von sozialen Beziehungen überleben, die ihn oder sie tragen, aber eben auch einschränken. Ein sozialer Kodex regelt die Pflichten und Aufgaben eines Menschen in der sozialen Gruppe. Wenn sich ein Mann oder eine Frau an diese sozialen Normen hält, den »Ehrenkodex«, dann hat er oder sie die Anerkennung der anderen. Ohne die Akzeptanz der Gruppe kann man in solchen Gesellschaften nicht leben, wie es in einem türkischen Sprichwort heißt: Die Ehre zu verlieren ist schlimmer als der Tod. »Ehre ist ein Modell sozialer Organisation, wenn Rechtsstaat, staatliches Gewaltmonopol und soziale Sicherheitssysteme nicht oder kaum ausgeprägt sind«, schreibt der Theologe Christian Feichtinger von der Universität Graz in der Zeitung *Der Standard*.[11] »Es bietet Orientierung in Gesellschaften, in denen es kaum formale Rechtsstrukturen und Schutz des Einzelnen durch staatliche Einrichtungen (Polizei, Justiz) gibt.« Auch wenn die Vorstellung von

Ehre nicht direkt religiös ist, haben doch Christentum und Islam zur Legitimierung dieser Vorstellung beigetragen.

Bei den sozialen Normen rund um die Ehre handelt es sich in der Regel um ungeschriebene Gesetze, die sich vor allem um die Rollen von Männern und Frauen drehen. Während Männern die heroische Aufgabe der Verteidigung und des Schutzes der Familie oder eines Clans zukommt, drehen sich die Frauen zugeschriebenen Normen stark um ihre Sexualität. Die Fixierung auf die Jungfräulichkeit hat wohl ursprünglich mit dem Bedürfnis von Männern zu tun, zu wissen, ob ihre Kinder tatsächlich von ihnen gezeugt wurden – das sagen jedenfalls Anthropologen. Für Frauen sind diese Vorstellungen diskriminierend, denn sie bringen doppelte Moralstandards mit sich: Während bei Männern etwa Sex vor oder außerhalb der Ehe als entschuldbar gilt, werden Frauen häufig für kleinste Abweichungen im Sozialverhalten bestraft. Die Kontrolle über ihre Körper spielt eine zentrale Rolle in allen auf dem Konzept der Ehre basierenden Gesellschaften. So gehört es zu den wichtigsten Aufgaben von Familien, die Jungfräulichkeit der Töchter zu überwachen. Es wäre eine »Schande« für die Familien, wenn sie ihre Aufsichtspflicht nicht ernst genug nähmen und ein Mädchen Sex vor der Ehe hätte. Aus diesem Grund wurden arabische Mädchen lange Zeit stark in ihrer Bewegungsfreiheit eingeschränkt. Das ändert sich erst langsam mit dem Wandel der Gesellschaften. Auch in Europa, vor allem in Südeuropa, gab es solche Vorstellungen, sie wurden jedoch abgelöst durch die Individualisierung, aber auch durch die Einführung von Demokratie, Rechtsstaatlichkeit und sozialen Sicherungssystemen. Kulturelle Prägungen wie die Vorstellungen von »Ehre« und »Schande« verschwinden nicht über Nacht. Man kann sie nicht »abschaffen«, aber sie schwächen sich mit den sozialen und ökonomischen Veränderungen in der Gesellschaft ab, die Fatma Oussedik beschreibt. Wenn »Ehre« und »Schande« keinen ökonomischen und sozialen Nutzen mehr haben, dann lässt ihre Bedeutung nach.

Jungfräulichkeit und Sex vor der Ehe

Das merkt man auch beim Thema Sex vor der Ehe und Jungfräulichkeit. Zwar gibt es in arabischen Gesellschaften auch weiterhin konservative Familienwerte. Das Ideal der Jungfräulichkeit und der Beweis mit dem »blutigen Laken« in der Hochzeitsnacht spielen gerade auf dem Land immer noch eine wichtige Rolle, etwa im konservativen Oberägypten, wo es oft die Schwiegermütter sind, die das »blutige Laken« im ganzen Dorf vorzeigen. Es ist ein Thema, das viele junge Frauen umtreibt, das aber nur wenige offen anschneiden. Die ägyptische Bloggerin und Autorin Marwa Rakha gehört zu den offenen Kritikerinnen von gesellschaftlicher Doppelmoral. »Wenn eine Frau schon vor der Heirat ihre Jungfräulichkeit verliert, heißt das nicht, dass sie eine Schlampe ist. Wir leben in einer Gesellschaft, die Lügen liebt und Lügner bewundert, aber du bist besser als sie«, schrieb Rakha einer jungen Frau, die von Schuldgefühlen gequält wurde, weil sie mit ihrem Freund geschlafen hatte.[12] Dabei basiert die Vorstellung von einem Jungfernhäutchen, das beim ersten Geschlechtsverkehr reißt und zu einer Blutung führt, auf einem Mythos. Das Hymen, wie der medizinische Fachausdruck heißt, ist ein elastischer Kranz aus Schleimhaut um die Vagina, der in der Regel auch Sex aushält. Nur die wenigsten Frauen bluten beim ersten Sex, aber in archaischen Gesellschaften hängt ihr Glück von den Blutflecken ab. Heute gibt es jedoch ganz neue Möglichkeiten, dem Damoklesschwert der Hochzeitsnacht zu entgehen. Frauen können vor der Heirat zum Arzt gehen und eine medizinische Rekonstruktion vornehmen lassen. Diese Hymenrekonstruktion, oftmals nur wenige Tage vor der Hochzeitsnacht in lokaler Anästhesie durchgeführt, bietet arabischen Frauen heute einen Ausweg, wenn sie schon vor der Ehe Sex hatten und befürchten, dass das in der Hochzeitsnacht auffliegt. Bei diesem Eingriff wird Gewebe zusammengenäht; beim Geschlechtsverkehr reißt es und blutet. Die Hochzeitsnacht verliert ihren Schrecken. Solche Rekonstruktionen sind in der arabischen Welt heute weit verbreitet.

Mit allerlei Tricks und Heilkräutern haben arabische Frauen dem allerdings schon immer nachgeholfen. Inzwischen sind auch künstliche Hymen, meist chinesischer Produktion, erhältlich, kleine Plastikbeutel mit künstlichem Blut, die das geforderte »blutige Laken« simulieren. Die Hymenrekonstruktion sind umstritten und das Thema führt immer wieder zu erhitzten Debatten – auch daran sieht man, dass sie weit verbreitet sind. Konservative befürchten einen Verfall von Sitte und Moral. Viele Feministinnen deuten diesen Eingriff als ein Anzeichen für die Beharrungskraft archaischer Vorstellungen.

Islamische Gelehrte sind sich in der Beurteilung nicht einig, aber es gibt Statements der Autoritäten an der Al-Azhar-Universität in Kairo, die eine Rekonstruktion zumindest in bestimmten Fällen als legitim erachten. So gibt es etwa eine Stellungnahme, wonach das Sexualleben einer Frau eine Sache zwischen ihr und Gott allein sei, was sich schon fast als eine Anerkennung weiblicher sexueller Autonomie lesen lässt.[13] Fatma Oussedik deutet die Rekonstruktionen nicht als einen Beweis für das Fortbestehen frauenfeindlicher kultureller Normen, sondern genau als das Gegenteil. »Der medizinische Eingriff ist eine neue Möglichkeit für Frauen, sich von diesem Ideal freizumachen«, sagt sie. »Und für die Männer bedeutet es, dass der Wert eines intakten Hymens nicht mehr so hochgehalten wird, wenn man weiß, dass es sich jederzeit medizinisch herstellen lässt.« Auf subtile Weise werde hier eine patriarchale Norm mehr und mehr unterwandert.

Abtreibung – nein danke

Dass eine Frau ein Kind nicht austragen will, ist ein Thema, von dem die meisten arabischen Gesellschaften nichts wissen wollen. Diese Verleugnung der Realität ist gefährlich und kostet jedes Jahr Tausenden von Frauen das Leben. Im September 2022 starb in Marokko die 14-jährige Meriem nach Komplikationen bei einer illegalen Abtreibung infolge einer Vergewaltigung. In Marokko führte ihr Tod zu wütenden Protesten. Die feministische Organisation Maroccan Outlaws ernannte den 20. September zum Tag der Trauer um die junge Frau, wie die Organisation auf Instagram postete: »Wie viele Tote muss es denn noch geben, bevor unsere Gesetze endlich geändert werden?«[14] In Marokko und in weiten Teilen der arabischen Welt ist Abtreibung legal nur unter sehr eingeschränkten Bedingungen möglich. In den meisten Ländern ist sie nur dann erlaubt, wenn das Leben der Mutter in Gefahr ist, so auch in Marokko (Artikel 453 und 454 Strafgesetzbuch). In dem nordafrikanischen Land wird seit Jahren darüber diskutiert, noch weitere, allerdings sehr klar umrissene Gründe für eine legale Abtreibung innerhalb unterschiedlicher Fristen in das Strafrecht aufzunehmen: Vergewaltigung, Inzest, schwere Schädigung des Fötus und mentale Probleme der Mutter. Aber obwohl König Mohammed VI. die Diskussion über eine Reform des Abtreibungsrechts 2015 in die Hand genommen hat, trotz der Kampagnen von Organisationen wie Maroccan Outlaws oder AMLAC und trotz wiederholter tragischer Todesfälle stockt der Prozess. Immerhin ist das Recht auf Abtreibung in Marokko ein Thema in der Zivilgesellschaft, das auch in Medienberichten intensiv und kontrovers diskutiert wird. In Ägypten oder Jordanien werden solche Diskussionen gar nicht erst geführt.

Dabei sind die Gesetze, die Abtreibung unter Strafe stellen, nicht einmal das Ergebnis arabisch-islamischer Traditionen. Sie stammen in der Regel aus der Kolonialzeit. Grundsätzlich ist die Haltung gegenüber Abtreibung im Islam eine etwas andere als bei den christlichen Kirchen, die lange Zeit in Europa und in den USA teilweise auch heute noch Abtreibungsverbote bestimmt haben. Zwar gilt auch im Islam generell das Gebot »Du sollst nicht töten«. Da aber nach islamischer Auffassung die Seele frühestens 40 Tage nach der Zeugung im Mutterleib mit dem Körper des entstehenden Kindes vereinigt wird, nach Aussage mancher Gelehrter auch erst nach 120 Tagen, hat der Embryo erst viel später als in der christlichen Tradition die Rechte eines menschlichen Wesens. Obwohl die islamische Theologie hier also ein Fenster zu einer liberaleren Abtreibungsregelung öffnen könnte, ist das in den meisten arabischen Ländern kein Argument. Dabei ist längst erwiesen, dass restriktive Gesetze die Zahl der Abtreibungen nicht reduzieren, dafür aber Leben und Gesundheit von Frauen gefährden. Nach Angaben der Organisation AMLAC gegen heimliche Abtreibungen gibt es allein in Marokko täglich circa 600 bis 800 illegale Abtreibungen. Wie viele Frauen an den Folgen sterben, ist nicht statistisch erfasst. Schätzungen gehen aber davon aus, dass etwa in Marokko rund 20 Prozent der Todesfälle unter Frauen im gebärfähigen Alter darauf zurückzuführen sind. Die seelische Belastung ist enorm. Dazu trägt auch bei, dass sie im schlimmsten Fall mit strafrechtlichen Konsequenzen rechnen müssen. In Marokko wird eine Abtreibung für die betroffene Frau mit bis zu zwei Jahren Haft geahndet, beteiligte Mediziner oder andere Kräfte können mit 10 bis 30 Jahren Gefängnis bestraft werden. Ähnliche Strafen sind in allen Teilen der Region vorhanden. Besonders restriktiv ist hier Ägypten, das eine legale Abtreibung generell nur für verheiratete Frauen vorsieht.[15] Wie in Marokko wurde das rigorose Verbot von Abtreibungen in Ägypten erst 1883, also in der Kolonialzeit, aus dem entsprechenden Passus des damaligen französischen Strafgesetzbuchs übernommen. Während sich Frauen in Frankreich längst das Recht auf Abtreibung erkämpft haben, leiden Ägypterinnen bis heute unter den Folgen der rigorosen Vorstellungen im einstigen französischen Strafrecht. Eine Ausnahme in der Region stellt auch in dieser Frage Tunesien dar, das die Abtreibung in den ersten drei Monaten der Schwangerschaft vor 50 Jahren legalisiert und diese kostenfrei in staatlichen Krankenhäusern möglich gemacht hat, doch auch hier ist sie sozial noch wenig akzeptiert.[16] Das Thema Abtreibung steht jedoch für viele Frauenorganisationen in der arabischen Welt nicht auf der Agenda, obwohl es ein dringendes Thema wäre. Es ist ihnen einfach zu heiß.

LGBTQ-Rechte: Kein Platz unter dem Regenbogen

Ganz kritisch wird es beim Thema Homosexualität. Keine arabische Gesellschaft akzeptiert Homosexualität, in allen Umfragen lehnen weite Teile der Gesellschaft die gleichgeschlechtliche Liebe ab. Gesetzliche Verbote existieren fast überall. Dabei wissen viele Menschen in der Region nicht, dass es in ihrer Kultur lange Zeit anders war. Zwar erachtet auch der Islam wie alle monotheistischen Religionen gleichgeschlechtliche Liebe als nicht legitim. Doch anders als in Europa wurde in den arabischen Gesellschaften vor der Intervention Europas Homosexualität oftmals stillschweigend hingenommen. Eine Fülle literarischer Werke, in denen die gleichgeschlechtliche Liebe gefeiert wird, zeugt über die Jahrhunderte von dieser Haltung, wie Thomas Bauer in *Die Kultur der Ambiguität* beschreibt.[17] Erst als man durch die Konfrontation mit Europa eine klare Linie zwischen erlaubter und verbotener Sexualität ziehen musste, änderte sich das, ähnlich wie in den Staaten Afrikas südlich der Sahara. Es wurden Gesetze erlassen, die abweichende Formen von Sexualität kriminalisierten.[18] Heute gibt es zwar die Grauzone einer teilweise geduldeten Subkultur mit Schwulenpartys und Treffpunkten Homosexueller, neuerdings sogar in Saudi-Arabien.[19] Doch bis zur Akzeptanz einer von der Norm abweichenden Sexualität ist der Weg noch lang. Das gilt für Männer wie für Frauen.

In der Regel geht es bei dem Thema um männliche Homosexualität, Liebe zwischen Frauen ist noch stärker tabuisiert. Wer sich als lesbisch outet wie die ägyptische LGBTQ-Aktivistin Sarah Hegazy, bekommt die volle Härte gesellschaftlicher und staatlicher Repression zu spüren. Hegazy hatte 2017 in Kairo ein Konzert der vor zwei Jahren aufgelösten libanesischen Popgruppe Mashrou' Leila besucht,[20] deren Leadsänger Hamed Sinno offen homosexuell lebt. Beim Konzert schwenkte Hegazy in einem glücklichen Moment des Überschwangs eine Regenbogenflagge. Einige Tage danach wurde sie zusammen mit anderen Konzertbesuchern von der Polizei wegen »Ausschweifungen und abweichendem Verhalten« verhaftet. Dabei ist in Ägypten – anders als in den meisten arabischen Ländern – Homosexualität gesetzlich nicht verboten, doch Richter und Staatsanwälte behelfen sich mit anderen Paragrafen wie »Aufruf zur öffentlichen Ruhestörung«. Nach drei Monaten Isolationshaft mit demütigenden Befragungen wurde Hegazy aus dem Gefängnis entlassen, doch ihre Erfahrungen waren traumatisch. Sie bekam eine schwere Depression, wurde von der Familie und in den sozialen Medien massiv angefeindet. Aus Angst vor einer erneuten Verhaftung ging sie nach Kanada ins Exil, wo sie sich am 14. Juni 2020 im Alter von 30 Jahren das Leben nahm.

Trotz dieser Repression gibt es in der jungen Generation zaghafte Stimmen, die öffentlich über ihre sexuelle Orientierung sprechen oder schreiben. Die 25-jährige marokkanische Autorin Fatima Zahra Amzkar hat 2022 mit ihrem ersten Buch unter dem Titel *Memoiren einer Lesbe* (arabisch: *mudhakirat mithliya*) einen Skandal im Königreich hervorgerufen. Ihr bei einem marokkanischen Verlag erschienener Roman über die Last der gesellschaftlichen Stigmatisierung homosexueller Liebe sollte auf der Buchmesse in Rabat vorgestellt werden, doch die Lesung wurde kurzfristig abgesagt und das Buch von den Ständen entfernt. Ein Bestseller wurde es trotzdem.[21] Die Autorin, im Hauptberuf an der Universität Casablanca Dozentin für Arabisch, wurde von Salafisten im Netz übel beschimpft und erhielt Todesdrohungen.

Zu den Ländern, in denen LGBTQ am ehesten einen gewissen Freiraum genießen, gehörte lange Zeit der Libanon. Hier wurde im Jahr 2001 Helem gegründet, die erste Organisation in der arabischen Welt, die für die Rechte von LGBTQ eintritt. Aber im Libanon werden die Räume für Menschen mit abweichender sexueller Orientierung enger, seitdem das Land sich inmitten einer desaströsen Wirtschaftskrise befindet. Die Krise hat zu einem Zerfall der staatlichen Ordnung und zu einer drastischen Verschlechterung der Menschenrechtslage geführt und sie hat rund 80 Prozent der Bevölkerung in die Armut gestürzt. Marginalisierte Gruppen wie LGBTQ gehören zu den Leidtragenden dieser Entwicklung. Im Libanon sind gleichgeschlechtliche Beziehungen bisher nicht ausdrücklich strafbar, über diese Frage ist nun eine öffentliche Debatte entbrannt. Konservative Abgeordnete im Parlament wollen dies ändern; die fundamentalistisch-christliche Gruppe Soldaten Gottes überfiel im August 2023 eine Dragqueen-Bar im einst so liberalen Beirut. Homosexuelle werden zu Sündenböcken. Politiker lenken damit von ihrem eigenen Versagen ab, anstatt die Krise im Land anzugehen.[22] Wer über die fehlende Akzeptanz für gleichgeschlechtliche Liebe im Nahen Osten urteilen will, sollte berücksichtigen, dass diese Akzeptanz auch in Europa noch jungen Datums ist. Noch bis ins Jahr 1994 war Homosexualität in Deutschland strafbar und auch nach der Abschaffung des Paragrafen im Strafgesetzbuch hat es noch gute zehn Jahre gedauert, bis die gleichgeschlechtliche Liebe gesellschaftlich einigermaßen akzeptiert wurde.[23]

Wenn elementare menschliche Bedürfnisse nach Sicherheit und Wohlstand nicht mehr erfüllt sind, dann erstarken konservative Einstellungen. So hat das Bedürfnis, Frauen und ihre Sexualität zu kontrollieren, auch mit Erfahrungen von Kontrollverlust und Ohnmacht zu tun. »Immer wenn Menschen die Kontrolle über ihr Leben zu verlieren drohen, suchen sie danach, andere zu kontrollieren«, sagt die ägyptische Feministin Aida Seif el-Dawla. »Wenn du dein Einkommen, das Schicksal deiner Familie oder die Politik in deinem Land nicht bestimmen kannst, dann wirst du versuchen über das zu bestimmen, was dir noch übrig bleibt: das Privatleben.«[24]

Kapitel 6

Gewalt gegen Frauen: »Ihr müsst uns besser schützen«

Jordaniens Hauptstadt Amman frisst sich immer weiter in die Wüste. Eine endlose Blechlawine fließt wie zähe Lava vorbei an Glas und Beton. Erst an den Rändern der Millionenstadt lösen sich die Staus langsam auf. Die Straßen werden leerer, die Häuser niedriger und die Luft besser. Der Ort, an den ich fahre, soll möglichst nicht gefunden werden. Nach einer schier endlosen Fahrt hält das Auto überraschend vor einem flachen Gebäude. Das Haus wirkt abweisend, umgeben von einem hohen Holzzaun. Aber es ist kein Gefängnis, sondern ein Frauenhaus. Dar Amneh, das »Haus des Schutzes«, ist eine Einrichtung, in der Frauen Zuflucht finden. Schutz vor der Gewalt ihrer Familien. So ist die Fahrt in die Außenbezirke der Stadt gleichzeitig eine Reise an den Rand der Gesellschaft. Zu Frauen, die sonst kein Zuhause mehr haben. Als sich die Tür öffnet, spüre ich trotz des wenig einladenden Äußeren, dass Dar Amneh ein guter Ort ist, ein Raum nur für Frauen, der Geborgenheit ausstrahlt. Das liegt am strahlenden Lachen von Sozialarbeiterin Raghda al Azzeh, die mich durch die spärlich eingerichteten Räume führt – Schlafzimmer, eine Kinderecke mit Spielzeug, Küche, Gemeinschaftsraum. Einige Frauen bekommen gerade von einer Frisörin eine Einführung in das Handwerk. Ihre Gesichter sind verhärmt, die Stimmen verhalten.

2018 vom jordanischen Sozialministerium eingerichtet, soll Dar Amneh ein Ort sein, an dem von Gewalt betroffene oder bedrohte Frauen zur Ruhe kommen und von professioneller Hilfe begleitet neue Zukunftsperspektiven finden können. Die damalige jordanische Sozialministerin Hala Bsaiso-Latouf hatte es gegen hartnäckigen Widerstand von Islamisten und den mächtigen Chefs einflussreicher Stämme durchgesetzt.[1] Westliche Journalisten werden in Dar Amneh nicht so gerne gesehen, denn das Thema Gewalt gegen Frauen ist für die jordanische Gesellschaft immer noch heikel. Konservative Kreise wollten das Frauenhaus verhindern, weil es nicht in ihre Vorstellung von der idealen islamischen Gesellschaft passt. Um eine Besuchserlaubnis zu bekommen, bedurfte es vieler Termine bei wichtigen Entscheidungsträgern im Sozialministerium, bei denen es reichlich Tee gab und Geduld erforderlich war. Doch dann kam ein Anruf, ja, ich dürfe Dar Amneh besuchen. Ein Fahrer des Sozialministeriums würde mich dorthin bringen; die Adresse müsse aus verständlichen Gründen geheim bleiben.

Raghda Al-Azzeh, promovierte Sozialarbeiterin, Mitte dreißig und ledig, beiges Kopftuch, schwarzer Hosenanzug, ist die Seele des Hauses und setzt sich mit all ihrer Energie für ihre Schützlinge ein. Zum Zeitpunkt des Besuchs im Jahr 2019 lebten hier 17 Frauen, zum Teil mit ihren Kindern. Etwa 30 Frauen im Alter von 19 bis 40 Jahren waren seit der Eröffnung des Hauses aufgenommen worden. 2022 waren es bereits 128, wie das Sozialministerium mitteilt. »Wenn die Frauen zu uns kommen, dann geht es ihnen häufig richtig schlecht«, erzählt Al-Azzeh später, als sie hinter ihrem imposanten Schreibtisch sitzt, über sich an der Wand das obligatorische Bild von Jordaniens König Abdullah II. »Sie sind verängstigt und manchmal auch verwahrlost, weil sie auf der Straße gelebt haben.« Viele hätten Angst, sie kämen ins Gefängnis. Wenn sie aber von der Sozialarbeiterin begrüßt werden und deren Anteilnahme spüren, dann würden sie »erstaunt die Augen aufreißen«. Dar Amneh sei ein Geschenk des Himmels, meint Al-Azzeh. »Endlich können wir diesen Frauen helfen.«

Jordanien hat ein großes Problem mit sogenannten Ehrenmorden und gehört gleichzeitig zu den Ländern, die aktiv dagegen vorgehen. Väter, Brüder, manchmal auch Ehemänner gehen so weit, ihre Töchter, Schwestern oder Ehefrauen zu töten, weil sie »die

Ehre der Familie beschmutzt« sehen. Sie werden erschossen, verbrannt, erhängt, erwürgt. Es sind grausige Verbrechen an Frauen und Mädchen. Dabei sind die Vergehen der Frauen eigentlich keine: Sie haben ein uneheliches Kind, eine außereheliche Affäre, wurden vergewaltigt, wollten einen Mann heiraten, den die Eltern ablehnen, oder aber sie werden schlicht zum Opfer von Gerüchten. Es kann schon reichen, dass sie einen Mann außerhalb der eigenen Familie treffen oder ihm auf dem Handy Nachrichten schreiben. Manchmal verbirgt sich hinter der angeblich verletzten Familienehre aber auch banale Geldgier. Jedes Jahr kommen immer noch etwa 10 bis 15 Frauen in Jordanien auf diese besonders grausige Art und Weise zu Tode. Bis heute sehen Teile einer patriarchalen, von beduinischem Stammesdenken geprägten jordanischen Gesellschaft in den Frauen die Schuldigen, selbst wenn sie die Opfer, etwa einer Vergewaltigung, sind.

Gewalt gegen Frauen ist weltweit ein Riesenproblem, dessen Ausmaß in der Öffentlichkeit nicht den Platz bekommt, den das Thema bräuchte. Geschlechtsspezifische Gewalt hat viele Gesichter, sie reicht von sexistischen Sprüchen und alltäglichen Grenzverletzungen über strukturelle Benachteiligungen bis hin zu Zwangsarbeit, Zwangsprostitution, sexualisierter Gewalt in kriegerischen Konflikten, Vergewaltigung, sexuellem Missbrauch, Gewalt in Familien und sogenannten Ehrenmorden. Aber auch Praktiken wie die Genitalverstümmelung, die zum Beispiel in Ägypten und im Sudan sowohl in christlichen als auch muslimischen Familien, aber auch im Jemen und in Dschibuti praktiziert wird, bedeuten eine endemische Gewalt gegen Frauen.[2] Diese spezielle Form von Gewalt ist ein vielschichtiges Phänomen mit unterschiedlichen Ausprägungen und komplexen Ursachen, die zu beleuchten an dieser Stelle zu weit führen würde.

Deutschland ist ebenfalls nicht frei von Gewalt gegen Frauen, auch wenn man die Ausmaße nicht mit der Gewalt in einem Land des globalen Südens vergleichen kann. Doch auch hier bringt nach Angaben des BKA alle drei Tage ein Mann seine Partnerin um. Versuchte Partnermorde weist die Statistik für jeden Tag aus.[3] Angesichts dieser erschreckenden Dimension ist es beschämend, wie wenig das Thema in der Öffentlichkeit und in den Medien präsent ist. »Gewalt gegen Frauen kennt keine geografischen, kulturellen oder sozialen Grenzen«, hat der frühere UN-Generalsekretär Kofi Annan geschrieben. »Solange sie anhält, können wir nicht für uns beanspruchen, wirkliche Fortschritte auf dem Weg zu Gleichheit, Entwicklung und Frieden zu machen.«[4]

Jordanien: Ende eines Tabus

Vom Jemen bis in den Libanon, von Katar bis zum Sudan, von Saudi-Arabien bis in die letzten Winkel Marokkos: Gewalt gegen Frauen ist in allen arabischen Gesellschaften weit verbreitet. Aber es gibt heute Bemühungen, dagegen vorzugehen. Gerade in Jordanien, einem mit seinen rund zehn Millionen Einwohnern kleinen arabischen Land, einem Hort der Stabilität zwischen den krisengeschüttelten Nachbarn Syrien, Ägypten und dem Westjordanland. Hier haben sich Politik und Gesellschaft in den letzten Jahren intensiv mit dem Thema Gewalt gegen Frauen auseinandergesetzt. Eine engagierte Zivilgesellschaft hat die Regierung des Haschemitischen Königreichs immer wieder gedrängt, endlich mehr zu tun. Dafür brauchte es aber einen langen Atem. Heute ist das Thema Gewalt in der Familie für die Öffentlichkeit in Jordanien kein Tabu mehr. Im Gegenteil, in den Medien und sozialen Netzwerken gibt es seit Jahren heftige Debatten dazu. Zwar existieren keine verlässlichen Statistiken über das Ausmaß der Gewalt, aber es ist klar, dass alle sozialen Schichten und ethnischen wie religiösen Gemeinschaften betroffen sind. Regierung und Behörden, die die Probleme lange Zeit totgeschwiegen haben, sehen sich seit Ende der 1990er-Jahre zunehmend unter Druck. Zu groß war der Schaden an der internationalen Reputation des Landes, das sich als offen und liberal präsentieren will.

Denn spätestens seit der Jahrtausendwende haben jordanische Frauenrechtlerinnen das Problem aufgegriffen und auch international bekanntgemacht. Kaum jemand hat sich so intensiv mit dem Thema befasst wie die Journalistin Rana Husseini. Sie ist mal wieder in Eile, als sie in den Newsroom der *Jordan Times* in Amman stürmt. Während ihre Kolleginnen unmotiviert die Zeit vor der morgendlichen Konferenz totschlagen, ist die heute 55-Jährige voller Energie und Tatendrang. Ungeschminkt und in Jeans, Turnschuhen und Sweatshirt sieht man ihr nicht an, dass sie eine der Star-Reporterinnen des Landes ist. Husseini ist Gerichtsreporterin bei der staatsnahen englischsprachigen Zeitung. Sie geht Meldungen über Verbrechen aller Art nach und recherchiert, spricht mit Zeugen, befragt die Polizei und berichtet über die Gerichtsverfahren. Dass das Thema Ehrenmorde heute kein Tabu mehr ist, ist auch ihr Verdienst. Als junge Reporterin sollte sie über den grausamen Fall eines von ihrem Bruder ermordeten 16-jährigen Mädchens berichten. Der Fall veränderte ihr Leben. Als erste Journalistin berichtete sie damals umfassend über die Hintergründe der Tat.

Zuvor wurden solche Verbrechen von den Medien in ein paar dürren Zeilen abgehandelt, denen sich nicht entnehmen ließ, dass es sich um Femizide handelte. Damals, 1993, löste Husseini einen Skandal aus. Sie bekam Drohbriefe von den einen und musste sich von anderen anhören, es ändere sich doch nie etwas in einem konservativen Land wie Jordanien. Doch die Redaktion stand hinter ihr, sie konnte weiter berichten. »Seitdem hat sich das Bewusstsein in der jordanischen Gesellschaft verändert«, erzählt sie mir in den Redaktionsräumen der *Jordan Times*. »Viele Menschen wollen, dass etwas passiert, und selbst die Regierung musste zugeben: Ja, wir haben da ein Problem.« Seit Jahrzehnten kämpfen Frauenrechtlerinnen und Journalistinnen wie Rana Husseini gegen die unmenschliche Praxis der Ehrenmorde. Seit etwa dem Jahr 2000 war die Zahl dieser Morde im Namen der Familienehre zwar etwas zurückgegangen. Dann aber, im Jahr 2016, gab es wieder einen deutlichen Anstieg. 28 Frauen wurden innerhalb von nur einem Jahr von ihren Familien umgebracht, 2015 war die Zahl mit 17 Morden deutlich niedriger gewesen.[5] Fünf dieser Fälle ereigneten sich im Oktober 2016 innerhalb einer Woche. Die Medien berichteten, die Empörung war groß. In den sozialen Netzwerken forderten viele Jordanierinnen und Jordanier, dass endlich Schluss sein müsse mit den Ehrenmorden.

Als Reaktion darauf und auf Drängen der Zivilgesellschaft sind bis 2023 sechs Schutzhäuser in den Städten Amman, Irbid und Aqaba entstanden. Außerdem wurde eine spezielle Einheit bei der Polizei, die Family Protection Unit, eingerichtet, die Gewalt in den Familien bekämpfen soll. 2018 dann wurde Dar Amneh eröffnet, außerdem ist eine spezielle Einrichtung für Opfer von Menschenhandel und Prostitution dazugekommen.

Wann ist endlich Schluss mit Ehrenmorden?

Für Journalistin Rana Husseini gibt es zwei wesentliche Probleme: die erschütternd niedrigen Haftstrafen für die Täter und gesetzliche Schlupflöcher. Beides wurde angegangen. Bis vor Kurzem kamen die Mörder noch mit Urteilen von nur drei Monaten bis zu zwei Jahren Gefängnis für einen vorsätzlichen Mord davon. Gleichzeitig sind Frauen, die von ihren Familien bedroht wurden, zu ihrem eigenen Schutz, wie es von offizieller Seite hieß, teilweise eingesperrt worden. Manchmal sogar länger, als die Täter ihre Haftstrafe absitzen mussten. Das passiert vor allem in ländlichen Gebieten, wo es keine Frauenhäuser gibt. Heute würden die Gerichte anders über solche Fälle urteilen, sagt Rana Husseini. Noch fehle zwar der entscheidende Schub, um eine Praxis endgültig zu beenden, die in der kulturellen DNA des Landes tief verwurzelt ist.[6] Trotzdem stellt 2016 eine Zäsur dar. Zunächst einmal bekamen jordanische Frauenrechtlerinnen Unterstützung von unerwarteter Seite. Die religiösen Autoritäten im Land verurteilten Morde aus Gründen der Familienehre als unislamisch. Auch »Ehrenmorde« seien einfach nur

Morde, die gegen das Gebot »Du sollst nicht töten« verstoßen, stellte das Iftaa Department, ein staatliches Organ des Islam in Jordanien, in einer Fatwa, einem religiösen Lehrschreiben zu moralischen Fragen, klar.[7] »Wer seine Verwandte umbringt, weil er damit die Familienehre wiederherstellen möchte, begeht eine Handlung gegen die Scharia und muss dafür zur Rechenschaft gezogen werden«, schrieben die Theologen, denn Ehrenmorde gehörten zu den »abscheulichsten Verbrechen« überhaupt.

Kurz danach kam es zum wegweisenden Urteil eines Berufungsgerichts in Amman. Obwohl sich das Strafmaß in den letzten Jahren bereits nach oben bewegt hatte, kamen die Täter der Ehrenmorde in der Regel immer noch mit relativ niedrigen Haftstrafen davon. Im Jahr 2016 hatten die Richter am Berufungsgericht über den Fall zweier Brüder zu entscheiden, die ihre Schwester vergiftet hatten, nachdem diese sich in einen Mann verliebt hatte und von zu Hause weggelaufen war. Siebeneinhalb Jahre und zehn Jahre Haft sollten die beiden Brüder ursprünglich für ihre abscheuliche Tat bekommen. Doch dann verdoppelte das Gericht das zunächst vorgesehene Strafmaß auf 15 beziehungsweise 20 Jahre Haft.[8]

Etliche rechtliche Schlupflöcher wurden geschlossen, mit denen die Täter bisher einer harten Bestrafung entkommen konnten. Das Gesetz 308, wonach Täter davonkommen, wenn sie eine Frau vergewaltigen und das Opfer anschließend heiraten, wurde 2017 vom Parlament gestrichen.

Mildernde Umstände für männliche Täter gibt es nicht nur im Nahen Osten. Lange Zeit galten auch in Frankreich und Italien für »Mord aus Leidenschaft« andere Regeln. Das französische Gesetz »zum Verbrechen aus Leidenschaft«, eine Bestimmung aus dem Code Napoléon, war bis 1975 in Kraft. Danach bekam ein Mann, der seine untreue Ehefrau umbrachte, mildernde Umstände. Oft kamen die Täter faktisch ohne Gefängnisstrafe davon; für Frauen, die aus dem gleichen Grund ihren Partner getötet hatten, galt das nicht.[9] Die Parallelen zum französischen Recht sind nicht zufällig. Denn über den Umweg des Osmanischen Rechts kam der Passus

(Artikel 324 aus dem französischen Strafgesetz von 1858) tatsächlich in jordanisches Recht und das Recht vieler anderer Länder im Nahen Osten und Nordafrika – eine bittere Ironie für alle Konservativen in Jordanien, die das Gesetz beibehalten wollten, weil es angeblich islamisch sei![10] Sie beschrieben die Initiativen zur Reform des Gesetzes als eine »westliche Kampagne zur Zerstörung der gesellschaftlichen Moral und des Zusammenhalts«.

Kehren wir noch mal nach Dar Amneh zurück. Der Besuch dort zeigt, wie wichtig die Einrichtung für von Gewalt betroffene oder gefährdete Frauen ist. Für Raghda Al-Azzeh ist es oft schwierig, die häufig traumatisierten Frauen zu stärken. Die Frauen brauchen erst einmal Zeit, um das Geschehene zu verdauen. Es ist schon schwer genug zu verkraften, dass einem die eigene Familie, der Vater oder Bruder, nach dem Leben getrachtet hat. In einer Gesellschaft, in der die Familie im Zentrum steht, ist es außerordentlich schwierig, alle Verbindungen zu kappen und auf sich allein gestellt zu leben. Manche Frauen werden von Schuldgefühlen geplagt, weil sie verinnerlicht haben, dass sie sich ungebührlich verhalten hätten. Dann versänken sie in Depressionen und hingen wochenlang vor dem Fernseher ab, wie Al-Azzeh erzählt. Zusammen mit ihrem Team aus Psychologinnen, Juristinnen, der Family Protection Unit und Frauenrechtlerinnen versucht sie, für alle eine Lösung zu finden.

Für Al-Azzeh steht die Autonomie der Frauen ganz oben. »Es sind erwachsene Frauen, die über ihr eigenes Leben entscheiden können. Darin möchten wir sie bestärken.« Aber dieser Wunsch kollidiert mit der jordanischen Gesellschaft, die will, dass sich die Familien wieder versöhnen. Das ist Teil von Al-Azzehs offiziellem Auftrag, widerspricht aber rechtstaatlichen Vorstellungen, weil es die Opfer erneut unter Druck setzt. Das zeigt, wie sehr die jordanische Gesellschaft noch zwischen traditionellen Vorstellungen von Ehre und modernen Rechtsauffassungen schwankt. Einige Zeit nach meinem Besuch wurde Al-Azzeh als Direktorin von Dar Amneh entlassen. War sie zu engagiert? Dar Amneh aber existiert unter neuer Leitung weiterhin als Ort des Schutzes und der Zuflucht für Frauen.

Sexualisierte Gewalt im öffentlichen Raum

Gewalt gegen Frauen geschieht nicht nur in Familien, sondern auch im öffentlichen Raum. In Krisen- und Umbruchzeiten ist die Gefahr für Frauen besonders groß, zu Opfern sexualisierter Gewalt zu werden. Das galt auch während des Arabischen Frühlings und in den darauffolgenden Bürgerkriegen in Syrien, im Jemen und in Libyen. Als im Sudan im Mai 2023 die Generäle Abdel Fatah Burhan und Mohamed Dagalo, genannt Hemeti, Anführer der Miliz Rapid Support Forces (RSF), einen brutalen Machtkampf begannen, anstatt dem vereinbarten Fahrplan zu einer zivilen Regierung zu folgen, stieg die sexualisierte Gewalt beider Seiten gegen Frauen ins Unermessliche. Das Leiden und die Ohnmacht von Frauen in einer derartigen Situation sind unbeschreiblich.[11]

Doch selbst dort, wo Proteste gegen die Autokraten nicht in einen Bürgerkrieg mündeten, wie zum Beispiel in Ägypten, kam es in der Folge zu massiven Übergriffen auf Frauen. Wir blicken dazu noch mal auf die friedliche Revolution im Jahr 2011. Als Diktator Hosni Mubarak am 11. Februar nach 18 Tagen Demonstrationen zurücktrat, war der Jubel der Massen unbeschreiblich. Doch danach kippte die Stimmung und auf dem Tahrir explodierte die sexualisierte Gewalt gegen Frauen regelrecht. Der symbolträchtige Platz, auf dem sich so viele Hoffnungen konzentriert hatten, wurde zu einem No-go-Ort für Frauen. Brutale Überfälle bis zu Gruppenvergewaltigungen waren an der Tagesordnung. Wie konnte das passieren? Vermutlich handelte es sich um gezielte politisch motivierte Aktionen von bezahlten Polizeispitzeln, die Frauen einschüchtern und ein generelles Klima der Angst erzeugen sollten. Zwar konnten die Täter nie identifiziert werden, doch die ägyptische Initiative Operation Anti-Sexual Harassment/Assault hat Material dazu gesammelt, das für ein politisch motiviertes, systematisches Vorgehen der wahrscheinlich aus dem kriminellen Milieu angeheuerten Täter spricht.[12]

Jenseits dieser Exzesse gilt: Sexuelle Belästigung auf Ägyptens Straßen und Plätzen, in Bussen, Taxis und in der Metro ist alltäglich. Wer als Touristin das Land besucht, kennt Formen von Belästigung wie Hinterherpfeifen, das Rufen obszöner Worte, Anfassen. Für die Ägypterinnen sind sie an der Tagesordnung. Eine Studie von UN Women aus dem Jahr 2013 hat belegt, dass fast alle Ägypterinnen in ihrem Leben sexuelle Belästigung erleben.[13] Die Daten entsprechen auf jeden Fall dem Lebensgefühl der Ägypterinnen. Diese Formen von Belästigung scheinen seit den 1990er-Jahren deutlich zugenommen zu haben, auch wenn es für den Zeitraum vor 2000 kaum belegbare Zahlen gibt. Doch die Übergriffe auf dem Tahrirplatz und den angrenzenden Straßen hatten noch mal eine andere, davor auch in Ägypten in dieser Form nicht bekannte Dimension.

Die Anthropologin Dalia Abdel Hamid war damals mittendrin. 2017 hat sie in der Internetzeitung *Mada Masr*, einer der wenigen unabhängigen medialen Plattformen im autoritär regierten Ägypten, von ihren schmerzlichen Erfahrungen berichtet.[14] Dalia Abdel Hamid schreibt aber auch, wie Frauen sich gegen die Übergriffe zu wehren versuchten und wie die ägyptische Öffentlichkeit eingestehen musste, dass diese Gewalt existiert. »Ich erinnere mich an einen Pulk von Männern, die versuchten, ein eisernes Tor des Hauses zu durchbrechen, hinter dem wir uns verschanzt hatten«, schreibt die Anthropologin über den zweiten Jahrestag der Revolution im Jahr 2013. »Sie wollten unbedingt an eine Frau heran, die wir aus ihren Fängen befreit hatten. Ich sehe diese Frau noch vor mir, die sich blutgetränkt in die Wohnung geflüchtet hatte, wo wir die Anrufe bedrängter Frauen entgegennahmen und Erste-Hilfe-Pakete ausgaben.« Frauen, auch Männer, taten sich zusammen, um Demonstrantinnen zu schützen, Frauen in Sicherheit zu bringen. Sie begleiteten sie in die Kliniken, verhandelten mit Ärzten, suchten psychologische Hilfe für sie. Im Fernsehen berichteten die Frauen von ihren Erfahrungen. »Das war ein wichtiger Wendepunkt«, schreibt Dalia Abdel Hamid. Es war neu für die ägyptische Gesellschaft, dass sich die Opfer nicht voller Scham zurückzogen. »Damals war uns noch nicht klar, dass die Stärke ihrer Stimmen dem langen, andauernden Leugnen dieser Gewalt gegen Frauen ein Ende machte.« Staatliche Institutionen mussten eingestehen, dass es diese Gewalt gegen Frauen gab. Im Mai 2014 wurde im Rahmen einer Rechtsreform sexuelle Belästigung erstmals im ägyptischen Strafrecht als Straftatbestand verankert. Wichtiger noch als diese Gesetzesänderung sei aber, so die Anthropologin, dass endlich das soziale Stigma gefallen sei. »Endlich sprechen wir öffentlich über das, was Frauen in der U-Bahn, in Parks, auf den Straßen oder am Arbeitsplatz erfahren müssen.« Es war eine hart erkämpfte Öffnung, aber sie ist passiert.

2018 zogen dann die religiösen Autoritäten nach. Die Al-Azhar-Universität in Kairo, die wichtigste Institution des sunnitischen Islam, verurteilte sexuelle Belästigung – und zwar ausdrücklich unabhängig davon, wie eine Frau gekleidet ist.[15] Frauen sind also auch für die Islamgelehrten nicht mehr selbst schuld! Im September 2014 hat die Cairo University als erste Universität des Landes eine spezielle Einheit zur Bekämpfung sexueller Belästigung eingerichtet, weitere Universitäten schlossen sich an. In der gesamten arabischen Welt gibt es heute nach Angaben der Weltbank etwa 50 Frauenhäuser mit teils verbesserungsbedürftigem Standard.[16] Bis in die Gesellschaft eingesickert ist, dass Frauen ein Recht auf körperliche Unversehrtheit und auf Schutz vor Gewalt haben, auch in ländlichen Gebieten, wo bis heute viele Menschen Analphabeten sind und vielfach unter erbärmlichen Bedingungen leben müssen, wird es dauern. Doch das Umdenken hat begonnen.

Ursachen sexualisierter Gewalt

Gewalt gegen Frauen hat viele Ursachen. »Der Islam« ist sicher nicht die Ursache, misogyne Texte gibt es in allen Weltreligionen und Religion stellt nur einen Faktor im Mix aus Kultur und politischen, wirtschaftlichen sowie sozialen Faktoren dar, die eine Gesellschaft ausmachen. Niemand würde die Gewalt, die in Mittelamerika oder in den Favelas von Rio de Janeiro gegen Frauen ausgeübt wird, darauf zurückführen, dass es sich bei den Tätern um chronisch gewaltbereite Katholiken handelt. Fehlende Rechtsstaatlichkeit, soziale und wirtschaftliche Unsicherheit, eine instabile Sicherheitslage, aber auch gesellschaftliche Diskriminierung und Ungleichheit befeuern Gewalt gegen Frauen.

Soziale Umstände haben nach Ansicht verschiedener Expertinnen und Experten einen großen Einfluss. »Armut, Arbeitslosigkeit und Mangel an Lebenschancen befeuern Gewalt gegen Frauen«, sagt Said Sadek, Professor für Soziologie an der Amerikanischen Universität in Kairo.[17] Männer würden Frauen auf dem hart umkämpften Arbeitsmarkt als unliebsame Konkurrentinnen betrachten und ihnen daher das Leben in der Öffentlichkeit schwer machen. Viele Täter seien junge Arbeitslose, die die hohen Kosten für eine Hochzeit nicht aufbringen könnten und so keine Möglichkeit hätten, ihre Sexualität in einem gesellschaftlich akzeptierten Rahmen zu leben. »Sie sehen in diesen Übergriffen die einzige Möglichkeit, ihre Sexualität auszuleben.«

Was der Soziologe sagt, mag eine Teilerklärung sein, doch geht es bei sexualisierter Gewalt nicht in erster Linie um Sexualität, es geht vor allem um Macht. Männer belästigen Frauen, um ihnen ihren Platz zuzuweisen. Oder feministischer ausgedrückt: Es geht darum, die patriarchale Herrschaft zu festigen, die ins Rutschen gekommen ist. Deshalb hat Gewalt gegen Frauen in der arabischen Welt in den letzten Jahren eher zugenommen. Denn heute sind Frauen im öffentlichen Raum immer stärker präsent. Arabische Frauen drängen auf den Arbeitsmarkt, sie haben – ganz ähnlich wie auch bei uns – oft die besseren Bildungsabschlüsse. Viele verfolgen ehrgeizige Karriereziele. An den Universitäten studieren mittlerweile quer durch die Region mehr Frauen als Männer. Auch das Freizeitverhalten hat sich verändert: Heute sind Frauen mit Freundinnen oder allein unterwegs, auch abends, sie machen Sport, gehen ins Kino oder treffen sich zu geselligen Anlässen mit anderen. Noch vor einer Generation war das verpönt.

Für Journalistin Rana Husseini ist es deshalb kein Wunder, dass arabische Frauen heute stärker mit Gewalt konfrontiert sind als noch vor der Jahrtausendwende. »Soziologen sagen, dass die Gewalt gegen Frauen in unserer Region erst noch ansteigen wird, bevor sie abnimmt«, sagt sie bei einem unserer vielen Gespräche in Amman. »Das liegt an den veränderten Geschlechterrollen. Heute sind etwa in Jordanien viel mehr Frauen im Beruf mit Männern zusammen oder verbringen ihre Freizeit außerhalb des Hauses. Es wird dauern, bis sich unsere Gesellschaft daran gewöhnt hat.« Mehr Gewalt gegen Frauen hat also offensichtlich damit zu tun, dass sich die arabische Welt in einem rasanten wirtschaftlichen, sozialen und gesellschaftlichen Wandel befindet, der auch die Geschlechterrollen betrifft. Traditionelle Milieus zerbrechen und die Lebenswelten verändern sich. Fatima Sadiqi, Soziologin an der Universität Fes in Marokko, bestätigt das. Im Interview über Zoom sagt sie, arabische Männer stünden stark unter Druck. »Ich sehe beim Thema Gewalt einen Zusammenhang mit der hohen Arbeitslosigkeit unter den Männern. In einer Gesellschaft, die den Mann immer noch als Ernährer ansieht, heißt es: Ein Mann muss das Geld nach Haus bringen.« Aus wirtschaftlichen Gründen könnten viele Männer diese Rolle aber nicht mehr ausfüllen, was zu einer großen Verunsicherung führe.

Doch die Soziologin nennt noch einen weiteren Grund, warum aus ihrer Sicht die Gewalt gegen Frauen gerade in der Öffentlichkeit zugenommen hat. »Das Patriarchat bei uns ist räumlich strukturiert und das haben wir seit Jahrhunderten in unserer Psyche internalisiert: Der öffentliche Raum ist ein Raum der Männer. Je mehr Frauen in den öffentlichen Raum drängen, desto mehr sexuelle Belästigung gibt es zunächst.« Dieses Vordrängen der Frauen in Positionen, die vor nicht langer Zeit den Männern vorbehalten waren, setze Männer unter Druck, meint auch der marokkanische Soziologe Mehdi Alioua. »Das erscheint ihnen als unerträglich, denn sie haben den Eindruck, dass sie hier am meisten zu verlieren haben. Deswegen entwickeln manche regelrecht pathologische Reaktionen, eine Angst vor Entmännlichung, die sich dann gewaltsam entlädt und Frauen zu Opfern macht.«[18]

Wer nach den Ursachen von Gewalt gegen Frauen in der arabischen Welt sucht, muss sich also jenseits kulturalistischer Vorstellungen über den »frauenfeindlichen Islam« diese Gesellschaften genauer anschauen. Wenn Familien durch schwierige soziale und ökonomische Umstände unter Druck sind, kommt es zu mehr Gewalt gegenüber den Kindern. Diese geben als Erwachsene ihre Gewalterfahrung häufig selbst wieder weiter, ein Kreislauf entsteht. In der arabischen Welt haben viele Männer (und Frauen) in ihrer Kindheit und Jugend Gewalt erfahren, zum Beispiel Prügel in Familie oder Schule. In einer umfassenden Studie der UN-Organisation Women über Männlichkeitsbilder im Nahen Osten von 2017[19], die in Ägypten, Marokko, dem Libanon und Palästina durchgeführt wurde, waren in Ägypten ein Drittel der befragten Männer als Kinder von ihren Eltern geschlagen worden, in Marokko sogar 60 Prozent. 80 Prozent von ihnen haben in beiden Ländern physische Gewalt in der Schule erlebt.[20] Unabhängig von kulturellen Unterschieden wissen wir aus der Gewaltforschung, dass vor allem jene Menschen zu Gewalttätigkeit neigen, die in ihrem Leben selbst Gewalterfahrungen machen mussten. Ob in einer Favela in Rio de Janeiro, in den Armensiedlungen von Kalkutta, den Slums von Kairo oder benachteiligten Wohngebieten in Berlin-Neukölln: Wer selbst als Kind geprügelt wurde, neigt als Erwachsener dazu, diese Gewalt weiterzugeben.

»Aber wir haben jetzt auch in Nordafrika mehr und mehr Gesetze, die Frauen vor Gewalt schützen sollen«, meint Mehdi Alioua.

»Natürlich steht zwischen einem Gesetz und seiner Umsetzung auch eine konservative Mentalität, deshalb wird es dauern, bis sich die Dinge grundlegend ändern. Aber das Problem ist heute viel stärker im öffentlichen Bewusstsein.«[21] Inzwischen wurden in einigen Ländern der Region Gesetze reformiert oder neue erlassen, die Frauen besser schützen sollen. Algerien hat als erstes Land im Maghreb 2015 häusliche Gewalt unter Strafe gestellt. Wer seiner Frau oder Ex-Frau Gewalt antut, wird danach mit bis zu 20 Jahren Gefängnis bestraft.[22] Allerdings lässt das Gesetz ein wichtiges Schlupfloch offen: Wenn das Opfer dem Täter verzeiht, dann geht dieser straffrei aus.

Auch Marokko hat 2018 ein Gesetz erlassen, das Gewalt gegen Frauen härter bestrafen soll. Im Januar 2014 wurde auch hier der Artikel 475 im Strafgesetzbuch einstimmig vom Parlament reformiert und die Klausel gestrichen, wonach ein Vergewaltiger straffrei davonkommt, wenn er das Opfer heiratet.[23] Im Libanon gab es eine breite Kampagne, die zur Abschaffung von Artikel 522 führte, wonach ein Täter seiner Strafe entgeht, wenn er das Opfer heiratet. Eine Gesetzesänderung allein reicht nicht aus, um Gewalt gegen Frauen tatsächlich zu verringern. Die Umsetzung bleibt ein Problem, da die Justiz nicht unabhängig und anfällig für Korruption ist. Dennoch können die neuen Gesetze das kollektive Bewusstsein mitprägen.

Tunesien: Neues Gesetz, neue Hoffnung

Das sieht man am Beispiel Tunesiens, das auch in diesem Punkt Vorreiter ist. 2017 wurde hier das Gesetz 58 einstimmig vom nationalen Parlament verabschiedet, ein Gesetz, auf das viele Tunesierinnen besonders stolz sind.[24] Gesetz 58 gehört zu einer ganzen Reihe von frauenfreundlichen Gesetzesänderungen, die in Tunesien nach der Jasmin-Revolution 2011 und dem Sturz von Diktator Ben Ali möglich waren. »Für uns ist das Gesetz ein Meilenstein«, sagt Asma Gatri, 31 Jahre alt, mit der ich über das neue Gesetz gesprochen habe. Sie berät Unternehmen in Nachhaltigkeitsfragen und lebt in der tunesischen Stadt Kef an der Grenze zu Algerien. Frauen wie sie, jung und gut ausgebildet, sind nicht mehr bereit, Übergriffe und sexuelle Belästigung einfach hinzunehmen und das macht einen großen Unterschied. »Für mich ist es einfach inakzeptabel, wenn mir ein Mann auf der Straße hinterherpfeift«, sagt sie. Tatsächlich hat sie sich auch schon physisch gewehrt und einen Belästiger mit einer Ohrfeige in die Flucht geschlagen. Der Mann sei vollkommen verdutzt gewesen und habe Reißaus genommen, erzählt sie.

Für Gatri ist das ein wichtiges Thema. Sie ist auch in ihrem eigenen Umfeld sensibler geworden für übergriffige Bemerkungen, schlüpfrige Witzeleien. Das neue Gesetz, sagt sie, gebe ihr eine Handhabe, um sich zu wehren. Sie fühle sich weniger hilflos. Trotzdem geben in Umfragen immer noch zwei Drittel der Tunesierinnen an, sexuelle Belästigung zu erfahren. Auch neigt die Gesellschaft nach wie vor dazu, den Opfern die Schuld an solchen Vorfällen zu geben. Gatri könne sich vorstellen, einen Belästiger anzuzeigen. Aber trauen sich Frauen das jetzt wirklich? Das wäre eine echte Revolution. Anruf in Tunis bei der Anwältin und Frauenrechtsaktivistin Yosra Frawes von der AFTD. Frawes ist eine viel beschäftigte Frau. Das Interview kommt erst nach mehreren Absagen zustande, immer wieder muss sie den Termin verschieben. Aber dann kann ich endlich mit der Anwältin sprechen, die maßgeblich an der Formulierung des neuen Gesetzes beteiligt war. Die Jahre nach 2011 seien entscheidende Jahre gewesen, sagt sie, eine Art Achsenzeit. »In einer sehr kurzen Zeit wurden viele Gesetze für Frauen erlassen, für die es in autoritär regierten Ländern 20 bis 30 Jahre braucht.« So eben auch das Gesetz 58 zum Schutz von Frauen vor Gewalt.

Aus mehreren Gründen hält die Anwältin das Gesetz für wegweisend in der gesamten Region: Zunächst einmal, weil es einen umfassenden Gewaltbegriff zugrunde legt. Psychische, physische und sexuelle Gewalt werden ausdrücklich genannt. Außerdem sehe es Hilfen für die Opfer vor. »Eine Frau kann nach einem Übergriff ohne jede finanzielle Basis und ohne familiäre Unterstützung dastehen.« Sie brauche dann staatliche Hilfen, um den Täter vor Gericht zu bringen und erneut im Leben Fuß zu fassen. Dazu solle laut Gesetz ein Fonds geschaffen werden, doch dazu ist es bisher nicht gekommen. Hier zeigten sich auch die Grenzen des tunesischen Modells: »Der Gesetzestext für die Einrichtung eines Hilfsfonds sieht keine Fristen und konkreten Summen vor und bleibt im Allgemeinen.« Doch danach haben sich viele Frauen getraut, Anzeige zu erstatten. Innerhalb eines Jahres seien nach der Verabschiedung des Gesetzes bei der Polizei 40 000 Anzeigen eingegangen. Nicht, weil die Gewalt auf einmal noch mehr hochgeschossen sei, sondern, »weil Frauen endlich den Mut hatten, ihr Schweigen zu brechen«, sagt Frawes. »Das hat viele ermutigt, die Mauern des Schweigens zu brechen.« Was denn aus den Anzeigen geworden sei, will ich wissen. »7 000 Ermittlungsverfahren sind eröffnet worden. Wenn man diese Zahl mit der Anzahl der Anzeigen vergleicht, dann sieht man, dass es noch institutionelle Blockaden in einem männlich dominierten Justizwesen gibt, das gegenüber den Anliegen von Frauen blind ist.« Die Justiz sei auch zu schwerfällig, um eine gefährdete Frau im Ernstfall zu schützen. Zwischen Richtern und Staatsanwälten gebe es unendlich viele Türen, an die man erst klopfen müsse, bevor etwas passiert. »Es ist leider ein wahrer Kreuzweg, vor Gericht zu ziehen.« Wirtschaftlicher Niedergang und politische Instabilität drohen, Erfolge im Kampf gegen Gewalt wieder zunichtezumachen.[25] Der größte Erfolg des tunesischen Gesetzes, der neuen Frauenhäuser und Initiativen zum besseren Schutz von Frauen in der Region liegt daher momentan in der Veränderung des Bewusstseins in der Gesellschaft, aber auch bei den Frauen selbst. Wie Yosra Frawes sagt: »Wir Frauen sind nicht schuld, wenn wir Opfer von Gewalt werden, diese Scham lässt nach.«

Kapitel 7
Feministischer Islam

Das Café Paul Prestigia im Universitätsviertel von Rabat ist bekannt für seine Baguettes und feinen Patisserien. Asma Lamrabet hatte dieses französische Ambiente für unser Treffen vorgeschlagen. Fast alle Tische sind besetzt; Männer sitzen plaudernd vor einem Espresso, Frauen starren auf ihre Handys, Studentinnen unterhalten sich kichernd. Ich halte Ausschau nach einer Frau mit Kopftuch, habe mir die Bilder von Asma Lamrabet aus dem Internet eingeprägt. Doch als sie kommt, erkenne ich sie zunächst nicht. Mit ihrer großen Sonnenbrille, schwarzem Pullover und Seidentuch um den Hals verströmt sie eine zurückhaltende, selbstbewusste Eleganz. Ihre schwarzen Haare sind lose um den Kopf geschlungen. Kein Kopftuch.

Das überrascht mich, denn auf vielen Bildern war sie mit dem Tuch zu sehen; schließlich sieht sie sich als islamische Feministin. Später erklärt sie mir, sie trage das Kopftuch nun nicht mehr, weil es ihr nicht mehr passend erscheine. Ob eine Frau das Kopftuch trägt oder nicht, sei ihre freie Entscheidung. Die Medizinerin und Autorin, 1961 in Rabat geboren, gehört zu den führenden Vordenkerinnen eines liberalen, reformorientierten und feministischen Islam für ganz Nordafrika. Mit ihrem Mann, einem Diplomaten, hat sie in Spanien, Mexiko und Chile gelebt und immer wieder als Ärztin, teilweise auch ehrenamtlich, gearbeitet und ihre übrige Zeit statt für Cocktailpartys zum Schreiben ihrer Bücher verwendet.

In ihren auf Arabisch, Französisch und teilweise auch Englisch erschienenen Büchern (deutsche Übersetzungen gibt es bisher leider nicht) beschreibt sie, wie sie die koranischen Texte und die islamische Tradition von patriarchalen Interpretationen befreien will. Nach ihrer Auffassung gibt es keinen einzigen Vers, der die Überlegenheit der Männer über die Frauen rechtfertigen würde. Erst die Interpretation durch männliche Gelehrte in den Jahrhunderten nach der Offenbarung des Koran habe aus den egalitären heiligen Texten frauenfeindliche Aussagen gemacht. Oder aber männliche Gelehrte hätten in ihrer Rechtsprechung (arabisch: »fiqh«) frauenfeindliche Regeln und Normen aufgestellt, für die es gar kein Fundament im Koran gibt.

Muslima und Feministin zu sein, ist für sie kein Widerspruch. Beides zu verbinden, darin sieht sie ihre Mission. »Wir müssen vermitteln, dass Gleichberechtigung nichts Abstraktes ist, sondern zu unserem islamischen Bezugssystem gehört.« Arabische Frauen bräuchten ihre eigene Emanzipation, ihren eigenen Weg der Befreiung, ohne westliche Bevormundung, auch ohne die Bevormundung durch westliche Feministinnen. Diese hätten doch keine Ahnung von den Problemen arabischer Frauen und so stellt sie auch die Dominanz eines westlichen Modells von Feminismus als einzigem Weg zur Frauenemanzipation infrage. Asma Lamrabet kämpft an vielen Fronten. Sie steht zwischen konservativen Gelehrten, die wollen, dass sich Frauen unterordnen, und westlichen Feministinnen, die ihr als bekennender Muslima skeptisch gegenüberstehen. Mit ihrem Verständnis von Feminismus knüpft sie an den antikonolialen Kampf der arabischen Gesellschaften gegen westliche Dominanz an. »Wenn ich in Frankreich lebte, wäre mein Feminismus ein anderer«, sagt sie bei unserem Gespräch im Café Paul Prestigia. »Aber ich bin Marokkanerin und Muslimin, das ist mein Hintergrund. Westliche Feministinnen dürfen nicht in unserem Namen sprechen und uns ein Modell aufzwingen, das nicht das unsere ist. Schließlich kennen wir unsere Probleme besser als ihr.«

Dabei wirkt Lamrabet gar nicht wie eine zornige Rebellin, aus dem Alter ist sie heraus, sondern eher wie jemand, die hartnäckig und mit langem Atem für ihre Ziele streitet. Sie kennt den Gegenwind, der heftig sein kann. Denn neben viel Zuspruch vor allem aus der jungen Generation eckt Lamrabet mit ihrer frauenfreundlichen Lesart des Koran bei konservativen Gelehrten und Salafisten enorm an. Im Jahr 2018 bekam sie das massiv zu spüren. Konservative Kreise zwangen sie, ihr Amt als Direktorin des Centre d'Etudes Féminines en Islam (Zentrum für islamische Frauenstudien) an der Rabita al Mohamadya des Oulémas, einer Art Thinktank für einen modernen Islam unter der Schirmherrschaft von König Mohammed VI., aufzugeben. Das war, nachdem sie öffentlich zusammen mit anderen engagierten Marokkanerinnen und Marokkanern eine Reform des frauenfeindlichen Erbrechts verlangt hatte.

Nach diesem massiven Konflikt mit den Konservativen und persönlichen Anschuldigungen, so erzählt sie, während wir unseren Kaffee trinken, sei sie froh gewesen, dass ihr Mann nach Südafrika versetzt wurde und sie mitgehen und Abstand zu der aufgeheizten Debatte finden konnte. Doch nach einer Weile kam sie wieder. Sie hielt Lesungen und Vorträge in Marokko. Kommen ihre Thesen an im Land, möchte ich von ihr wissen, oder sind sie nicht zu akademisch? »Vielleicht ist es nur eine Minderheit, die sich für meine Arbeit interessiert«, antwortet sie. »Aber im Vergleich zu vor 20 Jahren gibt es heute ungleich mehr Aufmerksamkeit.« Damals hätte niemand den islamischen Feministinnen zugehört. In der arabischen Welt fehle es an Meinungsfreiheit, um die Debatten offen zu führen, meint sie. Daher gibt es nur wenige radikale islamische Feministinnen wie sie in der Region selbst; die meisten Vertreterinnen dieser Spielart des Feminismus leben in den USA und Großbritannien oder in Südostasien.

Dennoch sieht Lamrabet heute ein großes Interesse an Universitäten und generell bei jungen Menschen am feministischen Islam. Viele junge Menschen wollten ihren Glauben mit einem modernen Leben vereinbaren, sagt sie. Sie verstünden nicht, warum die offiziellen religiösen Institutionen in Marokko keine Antworten auf ihre Fragen hätten. Der offizielle Islam in Marokko sei immer noch in einem traditionellen Verständnis des Koran verhaftet. »Leider«, meint Lamrabet, »sind diese traditionellen Kreise in Marokko sehr einflussreich.«

Religion und Emanzipation – geht das?

Nicht alle arabischen Frauen haben etwas mit Religion am Hut. Im Gegenteil, auch im Nahen Osten gibt es Atheistinnen und Frauen, die Religion einfach gleichgültig gegenüberstehen. Öffentlich äußern können sich diese Stimmen nicht oder nur eingeschränkt. Doch Frauen, die religiös sind, wollen die heiligen Texte so lesen, dass sie dadurch nicht kleingemacht, sondern ermutigt und gesehen werden. In allen Kulturen haben religiöse Autoritäten die heiligen Texte benutzt, um patriarchale Strukturen zu rechtfertigen, die untergeordnete Rolle von Frauen und die männliche Überlegenheit zu sakralisieren. Frauen auf der ganzen Welt können davon ein Lied singen, egal ob sie Christinnen, Jüdinnen, Musliminnen oder Buddhistinnen sind. Aber gleichzeitig gibt es in allen Bekenntnissen Frauen, die aus ihrem jeweiligen Glauben den Anspruch auf Selbstbestimmung, Freiheit und Gleichheit ableiten. Wenn Gott alle Menschen ohne Unterschied liebt, wie es Christentum, Judentum und Islam lehren, dann haben Frauen und Männer gleiche Rechte und eine gleiche Würde, davon sind sie überzeugt.[1]

Im Westen können viele das nicht verstehen. Ein emanzipatorisches Projekt und Religion, das geht für viele in Europa nicht zusammen. Dabei haben die individuellen Freiheitsrechte Europas auch Wurzeln in der Bibel, die dem Menschen als Ebenbild Gottes Würde zuschreibt, Frauen und Männern ohne Unterschied. Gerade in der ersten Phase der europäischen und US-amerikanischen Frauenbewegungen Anfang des 20. Jahrhunderts haben viele Frauen aus der biblischen Botschaft die Ermächtigung für den Kampf um Gleichberechtigung gezogen. Ein christlicher und ein jüdischer Feminismus sind entstanden, Bewegungen, die gar nicht einmal wesentlich älter sind als der islamische Feminismus. Teilweise greifen die islamischen Feministinnen auf Ansätze bei Jüdinnen und Christinnen zurück. Diese hatten Ende der 1960er- und in den 1970er-Jahren begonnen, von den Frauenbewegungen inspiriert, feministische Ansätze in der Theologie zu entwerfen. Die christlich-feministischen Theologinnen begannen, für ein Ende der Benachteiligung von Frauen, etwa beim Zugang zu Ämtern, zu streiten.

Feministische Theologinnen stellen Textpassagen in Bibel oder Koran, die Frauen kleinmachen und zum Schweigen verurteilen wollen, in den Kontext ihrer Entstehungszeit und entlarven sie als kulturell geprägte Ergebnisse männlichen Dominanzstrebens – das gilt für christliche wie islamische Theologinnen gleichermaßen. Islamische Feministinnen wollen genau das, was ihre christlichen und jüdischen Schwestern antreibt, auch wenn sie nicht in allen Punkten übereinstimmen: Sie wollen gläubige Muslimas und Feministinnen sein. Sie wollen einen nichtdiskriminierenden, egalitären Zugang zum Islam. Sie argumentieren dazu auf der Basis des Koran, nicht wie säkulare Feministinnen auf der Basis universeller Werte, wie sie zum Beispiel in der UN-Konvention für Menschenrechte zum Ausdruck kommen.

Die Anfänge des islamischen Feminismus

Der feministische Islam entstand in zeitlichem Zusammenhang mit dem Aufstieg des politischen Islam im Nahen Osten nach dem verlorenen Sechs-Tage-Krieg gegen Israel von 1967. Der politische Islam ist eine breite Bewegung mit sehr unterschiedlichen Strömungen. Meistens denkt man hierbei an gewaltbereite Terroristen wie den sogenannten Islamischen Staat oder die palästinensische Terrorgruppe Hamas mit ihrem Massaker am 7. Oktober 2023 in Israel. Doch diese militanten Extremisten bilden nur einen Teil des gesamten Spektrums im politischen Islam und mit Frauenrechten haben diese Extremisten natürlich nicht das Geringste zu tun. Doch wenn man politischen Islam versteht als »Bestrebungen zur Umgestaltung von Gesellschaft, Kultur und Wirtschaft, von Recht, Staat und Politik anhand von Werten und Normen, die als islamisch angesehen werden«[2], dann gehören auch Phänomene dazu wie zum Beispiel die Ennahda-Partei in Tunesien oder die Partei für Gerechtigkeit und Entwicklung (PJD) in Marokko. Sie verstehen den Islam eher als ein Set von Prinzipien, mit denen sie das soziale und wirtschaftliche Leben der Gesellschaft gestalten wollen. Beide Parteien waren jahrelang in der Regierungsverantwortung, auch in Israel saß die islamistisch-arabische Partei Ra'am vom Juni 2021 bis zum Dezember 2022 mit am Kabinettstisch.[3]

Die Ennahda-Partei (in der viele Frauen aktiv sind, etwa als Abgeordnete im Parlament) hat unter ihrem Chef Rachid Ghannouchi die pluralistische Demokratie befürwortet und darauf verzichtet, die Scharia zur Grundlage der Gesetzgebung zu machen, ähnlich wie auch die PJD in Marokko. Zumindest diese beiden Parteien gehen in Richtung einer Art islamischer CDU, konservativ und an religiösen Werten orientiert, aber nicht per se undemokratisch. Beide Parteien haben in den letzten Jahren bei den Wahlen allerdings deutlich an Zustimmung eingebüßt, weil sie es nicht geschafft haben, soziale und wirtschaftliche Verbesserungen für die Bürgerinnen und Bürger zu erreichen.[4]

Der feministische Islam ist teilweise in Konkurrenz, teilweise in Übereinstimmung zum politischen Islam entstanden. Die iranische Forscherin Ziba Mir-Hosseini bezeichnet ihn als das »ungewollte Kind« des politischen Islam.[5] Deshalb ist es kein Zufall, dass die Wurzeln des feministischen Islam geografisch vor allem im Iran und in Ägypten liegen, beides Gesellschaften, in denen der politische Islam stark ist. Im Iran bestimmt er die Grundlagen der Islamischen Republik seit ihrer Gründung durch Ayatollah Khomeini 1979. In Ägypten sind die Muslimbrüder entstanden, 1928 von Hassan al Banna gegründet,[6] dort ist die Bewegung groß geworden und hat die intellektuellen Debatten im Land maßgeblich mitbestimmt.

Als Bewegung ist der islamische Feminismus in den 1990er-Jahren entstanden, auch wenn seine geistigen Wurzeln weiter in die Vergangenheit zurückreichen. Gleich zu Beginn der arabischen Frauenbewegungen gab es auch Stimmen, die bewusst den religiösen Bereich für Frauen zurückerobern wollten. Denn nach den Anfangsjahrhunderten im Islam waren Frauen als Gelehrte zunehmend verdrängt worden. Im 19. Jahrhundert zum Beispiel wurde ihnen verwehrt, überhaupt den Koran zu studieren. Das sei nichts für Frauen – ein eklatanter Bruch mit der Anfangszeit des Islam. Ägyptens Frauenrechtsikone Hoda Shaarawi schreibt in ihren Memoiren *Harem Years*, wie sehr sie darunter gelitten hat, den Koran nicht lesen zu können. Dazu hätte sie Hocharabisch, die Schriftsprache, die sich deutlich vom gesprochenen Arabisch unterscheidet, lernen müssen, was man ihr als Mädchen verwehrte.[7]

Bereits in den 1930er-Jahren unterrichtete Zainab al Ghazali als erste weibliche Predigerin Ägyptens, als sogenannte Da'iya, Frauen an Kairos berühmter Ibn-Tulun-Moschee darin, gute Predigten zu halten – allerdings nur für Frauen. Auch sie war eine Pionierin in einer Männerdomäne, obwohl sie die konservative Auffassung vertrat, die Rolle der Frauen liege vor allem im Haus und in der Familie. Für sich selbst allerdings nahm Zainab al Ghazali eine öffentliche Rolle in Anspruch. Dieser Widerspruch findet sich gerade bei islamisch oder islamistisch orientierten Frauen häufig. Sie plädieren dafür, dass sich Frauen vor allem in der Familie und bei der Erziehung der Kinder verwirklichen sollen, und führen selbst ein Leben in der Öffentlichkeit.[8]

Eine der ersten arabischen Frauen, die den Koran aus Frauensicht gelesen haben, war die Libanesin Nazira Zain al-Din. In ihrem Buch *al sufur wa al hijab* (deutsch: *Verschleiern und Entschleiern*), 1928 in Beirut erschienen, reklamiert sie für sich als Frau das Recht, den Koran auszulegen. Gleichzeitig entlarvt sie die Vorstellung, es sei der Koran, der von den Frauen verlange, sich zu verschleiern und ein abgeschiedenes Leben zu Hause zu führen, als ein Produkt der Fantasie männlicher Theologen. Sie attackiert die Vorstellung mancher Gelehrter, dass Frauen minderwertig seien – und wurde dafür von Zeitgenossen heftig attackiert. Sie sei eine »Agentin des westlichen Imperialismus« schimpften ihre (männlichen) Feinde.

Pionierarbeit hat auch die Ägypterin Aisha Abd al-Rahman, bekannt geworden unter ihrem Künstlernamen Bint al-Shati (Tochter des (Nil-)Ufers), geleistet – obwohl sie sich gar nicht einmal als Feministin sah und auch nichts mit der organisierten Frauenbewegung zu tun hatte.[9] Doch die 1913 in Damiette im Niltal geborene und 1998 in Kairo gestorbene Autorin hat sich intensiv mit dem Koran und der islamischen Tradition beschäftigt. In rund 40 Büchern, Romanen, Erzählungen und Literaturkritiken sowie Hunderten von Zeitungsartikeln hat sie einer Koranexegese aus weiblicher Sicht den Weg geebnet.[10] Diese Frauen leisteten wichtige Vorarbeit, obwohl sie sich nicht dezidiert als Feministinnen verstanden. Für den progressiven islamischen Feminismus der 1990er-Jahre muss aber vor allem ein Name genannt werden: Die marokkanische Soziologin Fatima Mernissi hat sich ihr ganzes akademisches Leben lang mit Fragen an der Schnittstelle zwischen Islam, Moderne und Frauenrechten befasst.[11] Für eine ganze Generation wurde sie zu einer intellektuellen Ikone. Ihr verdankt auch Asma Lamrabet wichtige Impulse; die beiden Frauen kannten sich.

1940 in der alten Königsstadt Fez geboren studierte Mernissi Politikwissenschaften an der Sorbonne in Paris und Soziologie an der US-amerikanischen Brandeis Universität. Als Inhaberin des Lehrstuhls für Soziologie an der Universität Rabat wurde sie zu einer nationalen Ikone in Marokko. Viele ihrer Schriften sind eher literarischer als wissenschaftlicher Natur und erreichten dadurch eine breitere Öffentlichkeit. Mernissi hat in ihren Schriften belegt, dass die Forderung nach Geschlechtergerechtigkeit und sozialer Gerechtigkeit im Islam selbst verwurzelt ist.

Ihr Buch *Le harem politique* (deutsch: *Der politische Harem*, dtv 1998), nach seinem Erscheinen in Marokko zunächst verboten, gehört zu den wichtigsten Gründungstexten eines feministischen Islam. Mernissi sah den Islam als eine radikale Botschaft der Gleichheit, die eine männliche Elite im Lauf der Geschichte bewusst verdrängt hat. Mernissi starb 2005 in Rabat, aber sie spielt bis heute eine wichtige Rolle im kulturellen Leben Marokkos. 2023 wurde ein Theaterstück über ihr Lebenswerk in mehreren Städten des Landes aufgeführt.

Als Strömung in den 1990er-Jahren erstarkt ist der islamische Feminismus auch eine Reaktion darauf, dass Frauenrechtlerinnen Antworten auf die Versuche von Salafisten und Islamisten brauchten, bereits errungene Frauenrechte wieder zurückzudrehen. Sie mussten eine islamisch fundierte Antwort bereithalten, wenn zum Beispiel Salafisten verlangten, arabische Frauen sollten ihren Kopf bedecken oder zu Hause am Herd bleiben. »Säkulare Frauen, die nie etwas mit Religion zu tun hatten, taten sich schwer, zum Beispiel mit Salafisten zu argumentieren«, meint Asma Lamrabet. »Wer aber den Koran und die islamische Tradition kennt, kann den religiösen Eiferern klarmachen, dass ihre Ansichten gar kein Fundament im Koran haben.«

Ijtihad – die eigene Interpretation

Islamischer Feminismus hat im Wesentlichen drei zentrale Aspekte:[12] Zunächst einmal geht es um eine neue Lesart des Koran jenseits frauenfeindlicher Interpretationen, wie sie männliche Gelehrte über Jahrhunderte vorgenommen haben. Die islamischen Feministinnen wollen die männliche Brille abnehmen, die heiligen Texte von sexistischem Verständnis befreien und aus weiblicher Sicht lesen und verstehen. Dazu bedienen sich die Frauen des Ijtihad, der eigenen Interpretation von Texten, ganz in der Tradition der islamischen Reformtheologen aus dem 19. Jahrhundert. Sie stellen die Texte aus dem Koran in den historischen Kontext ihrer Entstehung, um zu verstehen, was sie damals bedeuteten und was sie für die heutige Zeit bedeuten könnten, was in ihnen zeitlich gebunden ist und wo ihr zeitlos gültiger Kern liegt.

Daneben geht es ihnen um die Dekonstruktion der islamischen Rechtsprechung, fiqh, die über Jahrhunderte ausschließlich von Männern vorgenommen wurde. Im fiqh sind jene Bestimmungen zu Scheidung, Sorgerecht und männlicher Vormundschaft entstanden, die Frauen bis heute zu Bürgerinnen zweiter Klasse machen, für deren Reformierung beziehungsweise Abschaffung die Frauenrechtlerinnen in der Region bis heute so hartnäckig kämpfen. »Dabei steht weder im Koran noch in der Sunna, der Tradition des Propheten Mohammed, etwas zu diesen Themen«, kontert Asma Lamrabet. Sie bringt ein Beispiel: »Der ›wali‹ (Vormund), also die Vorstellung, dass Frauen einen Ehemann oder Bruder brauchen, der wichtige Angelegenheiten für sie regelt, ist eine reine Produktion des fiqh, der islamischen Rechtsprechung.« Mit dem Koran habe das nichts zu tun. »Solche Bestimmungen darf es nicht weiter geben«, meint Lamrabet. Viele Menschen glaubten, es würde sich bei solchen frauenfeindlichen Regeln um göttliche Anweisungen handeln, »aber das stimmt einfach nicht«. Inzwischen wurde die Bestimmung, dass Frauen einen wali brauchen, in einigen arabischen Ländern, zum Beispiel 2004 bei der Reform des Familienrechts in Marokko, gestrichen. Wenn das so ist, besitzt dieses Recht keine Legitimation, so argumentieren die islamischen Feministinnen, weil es nicht den Grundprinzipien des Koran entspricht. Nicht zuletzt wollen islamische Feministinnen auch die weiblichen Gelehrten wiederentdecken, die in der Frühzeit des Islam zum Teil wichtige Aufgaben und Funktionen hatten, danach aber aus der religiösen Sphäre weitgehend verdrängt wurden.

Wie viel Gleichheit, wie viel Differenz?

Auch wenn diese drei Aspekte alle islamischen Feministinnen mehr oder weniger umtreiben, so ist doch die Bewegung alles andere als einheitlich. Unter diesem, auch umstrittenen Label, gibt es ein ganzes Spektrum unterschiedlichster Stimmen von eher konservativen bis zu radikalen liberalen Ansätzen.[13] Für konservative islamische Feministinnen steht nach wie vor die Familie im Mittelpunkt, damit sind sie deutlich stärker der Tradition verpflichtet als etwa Asma Lamrabet. Auch sie wollen Frauen stärken, gehen aber von »unterschiedlichen, sich gegenseitig ergänzenden Geschlechterrollen« aus, sagt die ägyptische, in Deutschland lebende Politikwissenschaftlerin Hoda Salah. Feministinnen der konservativen Strömungen »treten damit engagiert für die Gleichwertigkeit der komplementären Geschlechterrollen ein statt für Gleichberechtigung«, schreibt Salah.[14]

Was heißt das? Konservative islamische Feministinnen lehnen Genderkonzepte ab, für sie hat Geschlecht ein biologisches Fundament. Sie gehen davon aus, dass sich Männer und Frauen in ihrer Verschiedenheit ergänzen und sie deshalb auch verschiedene Rollen einnehmen sollten. Diese Vorstellung ist auch europäischen Frauenbewegungen nicht vollkommen fremd, einmal davon abgesehen, dass auch bei uns konservative Kreise von wesensmäßigen Unterschieden zwischen Mann und Frau ausgehen.

Die islamische Vorstellung von komplementären Geschlechterbeziehungen ist am ehesten mit der Haltung von sogenannten Differenzfeministinnen vergleichbar, die in Europa in den 1970er- und 1980er-Jahren stark waren. Es war die Zeit der Frauenbuchläden, lila Latzhosen und strickenden Frauen in Hörsälen. Frauen wollten sich nicht an das Männliche anpassen, sondern vielmehr die Freiheit erkämpfen, ihr eigenes Leben zu leben. Sie betonten die Verschiedenheit der Geschlechter, wollten Frauen in ihrem Anderssein bestärken und forderten eine weibliche Perspektive in allen gesellschaftlichen Bereichen. Weil Frauen Leben gebären, blicken sie anders auf die Welt als Männer, so argumentieren die Verfechterinnen des Differenzfeminismus wie die beiden Französinnen Luce Irigaray und Hélène Cixous.[15] Das Problem des Differenzfeminismus liegt darin, dass er auch anschlussfähig für konservative Lesarten sein kann, wonach Frauen mit Verweis auf ihre »andere Natur« bestimmte Möglichkeiten in der Gesellschaft verwehrt werden. Daher wurde er von Feministinnen stark kritisiert. Die richtige Balance zwischen Gleichheit und Differenz bleibt allerdings ein viel diskutiertes Kernthema für alle Frauenbewegungen. Auch im Laufe der europäischen Frauenbewegungen tauchte immer wieder die Schwierigkeit auf, für gleiche Rechte wie die Männer zu streiten und gleichzeitig doch »nicht Mann sein zu wollen«, wie Genderforscherin Ute Gerhard es ausdrückt. Es ist »das scheinbare Paradox, auf dem Recht auf Gleichheit und gleichzeitig der Berücksichtigung und Anerkennung von Differenzen zu bestehen«.[16] Heute spielt der Differenzfeminismus in Deutschland kaum noch eine Rolle. Er wurde weitgehend abgelöst von Judith Butlers Überlegungen dazu, dass es kein rein biologisches Geschlecht gibt, sondern dieses immer kulturell geprägt ist. Butlers Vorstellungen von Gender bestimmen den Rahmen für die Debatten von heute, Differenzfeminismus findet in Europa nur noch in Nischen statt.[17] Im islamischen Feminismus sind es die konservativen Strömungen, die dem politischen Islam nahestehen, die auf der Komplementarität der Geschlechter beharren – und auch hier bei allem Einsatz für Frauen in der Gefahr stehen, von Konservativen instrumentalisiert zu werden und wichtigen Fragen auszuweichen.

So handelt es sich beim islamischen Feminismus um eine sehr breite Bewegung, die seit den 1990er-Jahren in der arabischen Welt Fuß gefasst hat. Nicht alle islamischen Feministinnen unterstützen Freiheitsrechte wie ein egalitäres Erbrecht oder Reproduktionsrechte wie sexuelle Selbstbestimmung, so wie es Asma Lamrabet tut. So weit, so kompliziert. Aber in vielen Frauengruppen, in Lesezirkeln und an Universitäten werden Texte und Gedanken über feministische Koranexegese ausgetauscht. Manchmal treffen sich

Frauen einfach, um sich bei der Koranlektüre über ihren Alltag, ihre Nöte und Sorgen auszutauschen, und ziehen daraus Stärkung für ihr Leben.

Eine Frau als Imam?

So wie christliche und jüdische Frauen dafür gekämpft haben, religiöse Ämter übernehmen zu dürfen, wollen auch islamische Frauen Führungsämter übernehmen. Heute erscheint es uns als selbstverständlich, dass es etwa evangelische Pfarrerinnen gibt, doch das Recht auf Ordination haben sich evangelische Frauen hart erkämpfen müssen. Erst im Jahr 1959 wurde die erste Pfarrerin in Deutschland ordiniert und noch bis 1997 gab es Ausnahmen, zum Beispiel in der Bayerischen Landeskirche.[18] Auch jüdische Frauen mussten lange dafür kämpfen, Rabbinerinnen sein zu dürfen, im orthodoxen Judentum gibt es immer noch Gemeinden, die sie ablehnen.[19] Katholikinnen kämpfen immer noch dafür, Priesterinnen sein zu dürfen – und ihr Kampf wird, wie es aussieht, auch noch eine ganze Weile dauern. So wollen auch islamische Frauen in ihrer Glaubensgemeinschaft mitbestimmen, wie der Glaube gelebt wird. Das allerdings gestaltet sich ähnlich zäh wie in der katholischen Kirche. Öffentliche Debatten zu diesem Thema gibt es in der arabischen Welt kaum.

Es gibt zwar weibliche Predigerinnen in den Moscheen, zum Beispiel ausgebildet an der al-Azhar-Universität in Kairo, doch sie dürfen ausschließlich für Frauen predigen und nicht vor gemischten Gruppen. In Marokko gibt es die Mourchidate, Frauen, die Sozialarbeit in den Moscheen leisten, aber keine Imaminnen sind. Sie übernehmen wichtige Aufgaben etwa bei der Alphabetisierung, vertreten jedoch meist einen konservativen Islam, was auch daran liegt, dass sie vom marokkanischen Staat bezahlt werden.

Eine Imamin, die das Freitagsgebet für die ganze Gemeinde leitet, lehnt der orthodoxe Islam ab und es ist nicht erkennbar, dass sich die Haltung der Gelehrten in diesem Punkt so schnell ändern wird. Eine Aktion wie diejenige von Amina Wadud in New York ist in der arabischen Welt heute kaum denkbar: Wadud hatte am 18. März 2005 als erste Frau das Freitagsgebet einer gemischten Gebetsgruppe geleitet und damit weltweit große Aufmerksamkeit erregt.[20] Die Gründe hierfür liegen wohl weniger in der Theologie als in Machtfragen. Für Asma Lamrabet ist die Sachlage eindeutig: »Keine einzige Stelle im Koran verbietet weibliche Imame, deshalb hat das religiöse Establishment keine ernst zu nehmende Antwort auf diese Frage«, sagt sie bei unserem Treffen im Café Paul Prestigia. »Im Gegenteil, der Koran liefert Argumente für weibliche Imame und nicht gegen sie. Letztlich sind es keine theologischen Gründe, die weibliche Imame verbieten, sondern die Mentalität steht dem entgegen.«

Islamisch versus säkular

Islamische und säkulare Frauenrechtlerinnen standen sich lange Zeit feindlich gegenüber. Manche bestreiten grundsätzlich, dass eine religiöse Argumentation feministisch sein könne. Vor allem in den Jahren, als der politische Islam besonders einflussreich und bedrohlich war, wie zum Beispiel nach der Wahl des Muslimbruders Mohammed Mursi zum Präsidenten in Ägypten im Jahr 2012 oder während der Regierung der islamisch-konservativen Ennahda-Partei in Tunesien, waren die Fronten zwischen beiden Seiten extrem verhärtet. Inzwischen hat sich die Situation etwas entspannt, denn der politische Islam ist in großen Teilen Nordafrikas auf dem Rückzug.

Es ist wichtig festzuhalten, dass nicht nur Frauenrechtlerinnen, die ein liberales, für westliche Ohren vertraut klingendes Narrativ vertreten, Frauen stärken. Sondern auch jene, die vielleicht in einer Frauengruppe den Koran lesen und für ihren Alltag, für ihre spezifische Situation daraus Stärkung und Ermutigung ziehen, ohne patriarchale Normen offensiv zu hinterfragen, weil das in ihrem gesellschaftlichen Kontext noch nicht möglich ist. »Beide wollen doch das Gleiche«, meint die marokkanische Soziologin Fatima Sadiqi von der Universität Fes, die ich dazu interviewen konnte, »nämlich, dass es Frauen gut geht«. Seit 2011 sei das Bewusstsein dafür gewachsen, dass man im Grunde an einem Strang ziehe. »Islamische und säkulare Stimmen versuchen heute verstärkt, eine gemeinsame Basis zu finden, wobei Bürgerrechte im Mittelpunkt stehen«, sagt Sadiqi. Darüber hinaus haben islamisch orientierte Frauenrechtlerinnen einen großen Vorteil: Sie können nicht so leicht als »Agentinnen des Westens« denunziert werden. Bei den säkularen Frauenrechtlerinnen sei die Einsicht gewachsen, dass »man Religion nicht einfach abstellen kann, sie gehört zum Leben dazu«. Das heißt nicht, dass sie in allen Fragen übereinstimmen. »Aber es gibt weniger Feindschaft zwischen ihnen und mehr Pragmatismus: Lasst uns gemeinsam die Probleme angehen. Wir werden reifer. Es gibt weniger Emotionen, weniger Ideologie und das ist gut.«

Kapitel 8

Der Westen und die Frauenrechte: Koloniale Lasten

Abu Dhabi ist Hightech und Glamour. In den Emiraten ist alles ein bisschen höher, größer und bunter als woanders. Die Golfstaaten präsentieren sich als die Zukunft Arabiens, digital, effizient, mit einem großen Faible für Kultur und Ästhetik. Hier liegt kein Abfall auf dem Bürgersteig, keine Zigarettenkippe verunstaltet den sauberen Boden. Während draußen Ende Mai bereits über 40 Grad schwüle Hitze das Leben unerträglich machen, ist es auf der Buchmesse im Stadtzentrum von Abu Dhabi eisgekühlt. In den großen Hallen präsentieren sich Verlage aus aller Welt, ein Diskussionsforum jagt das nächste, dazwischen zeigen arabische TikTok-Stars ihre Kochkünste und Familien mit Kindern freuen sich an Kunstworkshops. Die Abu Dhabi Book Fair hat sich in den letzten Jahren zum wichtigsten Treffpunkt arabischer Autorinnen und Autoren in der Region entwickelt. Hier begegnen sich Intellektuelle, Verlegerinnen und Experten zu einem relativ freien Austausch. Auf zahlreichen Podien diskutieren sie über die Zukunft des arabischen Buches, es geht um Fachfragen der Übersetzer und Verlage, aber auch um die spezifischen Erfahrungen von Autorinnen auf dem arabischen Buchmarkt.

Hier zeigt die arabische Welt ein ganz anderes Gesicht, fernab der Kriege und Katastrophen in Damaskus, Bagdad oder Gaza. Kein Wunder, dass auf der Buchmesse in Abu Dhabi auch die Debatten über ein Ende westlicher Dominanz und ein neues arabisches Selbstbewusstsein geführt werden. »Lange genug hat die Welt über den Nahen Osten geredet, aber jetzt gibt es eine neue Generation mit einer eigenen Agenda«, meint die einflussreiche emiratische Autorin und Kolumnistin Dubai Abulhoul bei einer der vielen Diskussionsrunden auf der Buchmesse im vergangenen Jahr. Abulhoul ist 28 Jahre jung, aber den öffentlichen Auftritt längst gewohnt und sie verkörpert dieses neue Selbstbewusstsein wie kaum eine andere. »Wir wollen endlich für uns selbst sprechen«, sagt sie und meint mit »Wir« nicht nur die Emiratis, sondern ganz besonders die arabischen Frauen. »Wir sind anders, als ihr denkt«, fährt Abulhoul fort, eine große, elegant gekleidete Frau mit einem lose um den Kopf gebundenen Schal, der mehr andeutet als verhüllt. »Wir sind nicht diese armen, unterdrückten Opfer, die vom Westen gerettet werden müssen. Diese Zeiten sind vorbei.«

Abulhoul schreibt nicht nur regelmäßig in emiratischen Medien und ist Mitglied im Jugendparlament des Landes. Sie wurde von der Zeitschrift *Arabian Business* auch als eine der wichtigsten 100 Persönlichkeiten in den Emiraten ausgezeichnet[1] und hat in Dubai den Thinktank Fiker Institute gegründet, der eine Plattform für postkoloniale Standpunkte darstellt. Aus ihr spricht der Stolz über den Aufbau eines jungen Staates, der erst im Jahr 1971 mit der Unabhängigkeit von Großbritannien gegründet wurde. Damals gab es in den Emiraten nur Dattelpalmen, Kamele und Wüstensand. Heute präsentieren sie sich dank Öl- und Gasvorkommen als moderner Staat, einer der reichsten der Welt, mit einer Infrastruktur, von der die meisten Länder nur träumen können. Anders als in deutschen Städten fährt die U-Bahn in Dubai stets pünktlich, Zugausfälle gibt es genauso wenig wie Unterbrechungen der schnellen Netzverbindungen.

Applaus für das Erreichte suchen die Emiratis nicht. »Wir brauchen diese Anerkennung des Westens nicht, für das, was wir aufgebaut haben, nämlich eine moderne Gesellschaft, in der jeder eine Chance bekommt«, konstatiert Abulhoul. Kritik an der eigenen Regierung, an Überwachungsstaat und fehlenden Bürgerrechten indes hört man von ihr nicht. Abulhoul gehört zu einer jungen Generation arabischer Frauen, die die kulturelle Dominanz des Westens genauso zurückweisen wie Klischees über arabische Frauen. Sie kritisieren auch die europäischen Frauenbewegungen und fordern von ihnen, die eigene koloniale Vergangenheit aufzuarbeiten und ihre Version von Feminismus nicht mehr als allgemeingültige Norm darzustellen. Denn das Machtgefälle aus der Kolonialzeit würde bis heute auch das Verhältnis zwischen arabischen und westlichen Frauen prägen, so Abulhoul.

»Dekolonisiert den Feminismus!«

Zahlreiche Frauen aus Ländern des globalen Südens haben diesen Standpunkt in den letzten Jahren vorgebracht. Nicht nur arabische, auch afrikanische, lateinamerikanische oder karibische Frauen bringen ihre Verletzung und ihre Wut angesichts der in ihren Augen bestehenden Dominanz westlicher Feministinnen zum Ausdruck und fordern eine neue, echte Solidarität. So meint die in Pakistan geborene US-amerikanische Anwältin Rafia Zakaria in ihrem Buch *Against White Feminism*, »der Aufbau einer echten feministischen Solidarität bedeutet, die Vorherrschaft des Weißseins im Feminismus aufzudecken und zu zerstören«.[2]

»Dekolonisiert den Feminismus«, verlangt auch Soumaya Mestiri, Professorin für Politische Philosophie und Sozialphilosophie an der Universität Tunis, in ihrem 2019 auf Französisch erschienenen gleichnamigen Buch. »Der westliche Feminismus hat eine erhebliche Schlagseite«, schreibt sie.[3] Er unterschlage die Rolle indigener Frauen in Afrika, Asien und Lateinamerika bis heute. Die im 19. Jahrhundert zur Speerspitze des antikolonialen Kampfes gehörenden Frauen kämen genauso wenig vor wie jene, die heute im globalen Süden gegen strukturelle Ungleichheiten kämpften. Die Leistungen dieser Frauen wie etwa der indischen Aktivistin Vandana Shiva, der Kenianerin Wangari Mathai oder der 2021 verstorbenen Ägypterin Nawal El Saadawi seien aufgrund der eurozentrischen Sichtweise im »weißen Feminismus« nicht gesehen worden.

Außerdem wirft Mestiri dem »weißen« Mainstream-Feminismus vor, das Bild von Frauen aus dem globalen Süden bis zur Karikatur verfälscht zu haben. Er zeichne arabische Frauen gleichzeitig als »hypersexualisiert und unterwürfig«, »als armselige Kreaturen, dominiert von den einheimischen Männern, die gewalttätig und aggressiv sind«. Auch im Feminismus gebe es Machtstrukturen, die echte Solidarität verhinderten.[4]

Diese Kritik lässt sich nicht von der Hand weisen, auch wenn sie benutzt werden kann, um im Namen kultureller Authentizität von eigenen Fehlern abzulenken. Aber das koloniale Erbe wirkt bis heute nach und verhindert eine Solidarität auf Augenhöhe. Wenn heute die Rede davon ist, europäische Frauen seien so viel weiter und emanzipierter als die »armen unterdrückten arabischen Frauen«, dann schwingen Bilder mit, die ihre Wurzeln tief in der Vergangenheit haben. Die Aufarbeitung dieser kolonialen Last ist notwendig, aber für westliche Gesellschaften herausfordernd, weil sie an die Substanz des europäischen Selbstverständnisses als Speerspitze von Fortschritt, Freiheit und Gleichheit rührt und entsprechende Widerstände hervorruft.

Die Debatten darüber haben gerade erst begonnen; dass sie auch die Frauenbewegungen betreffen sollten, steht noch wenig im Fokus. Denn auch diese müssen die eigene Geschichte kritisch durchleuchten und von kolonialen Resten entrümpeln. Es geht um das kulturelle Gepäck, das im Hintergrund mitschwingt und die Beziehungen belastet. Wer sich die medialen Debatten über orientalische Frauen, über Kopftuch und »Unterdrückung« anschaut, muss feststellen, dass hier verwendete Gedankenmuster keineswegs neu sind.

Das Stereotyp von der »unterdrückten arabischen Frau« und der einseitige Fokus in Medien und Öffentlichkeit auf Kopftuch, Zwangsehen und »Ehrenmorde« führt zu einem verengten, einseitigen Bild. Es hindert die westliche Öffentlichkeit daran, einen genaueren Blick auf die sich wandelnde Lebensrealität arabischer Frauen und auf ihre Leistungen in einem oftmals schwierigen politischen Umfeld zu werfen. Die stereotypen Bilder erschweren auch eine echte Solidarität mit den Schwestern in der arabischen Welt. Die Geschichte ist bitter, denn man muss festhalten: Frauenbewegungen in Europa standen in der Regel nicht an der Seite ihrer Schwestern im globalen Süden.

Ihr seid das Andere

Die Väter der Französischen Revolution von 1789 haben »Freiheit, Gleichheit, Brüderlichkeit« gefordert, meinten damit aber in der Regel nur Männer, und nur weiße Männer.[5] Als die radikale französische Vorkämpferin für Frauenrechte, Olympe de Gouges, in ihrem Manifest 1791 über die »Erklärung der Rechte der Frau und Bürgerin« die Gleichstellung von Mann und Frau forderte, schickten die Revolutionäre sie aufs Schafott.[6] Die Männer der Französischen Revolution dachten nicht im Traum daran, dass auch Frauen Freiheit und Gleichheit zusteht. Genauso wenig haben die Frauen, die im 19. Jahrhundert in Deutschland, Frankreich und England für ihre Rechte stritten, berücksichtigt, dass diese auch für Frauen in den von europäischen Ländern beherrschten Staaten Afrikas, Asiens und des Nahen Ostens gelten sollten. Nein, es war genau umgekehrt: Die Gleichberechtigung, die europäische Frauen für sich einforderten, sollte keineswegs für die Frauen in den Kolonien gelten. Bürgerrechte sollte man vorerst nur jenen Frauen zugestehen, die »durch die Gemeinsamkeit des kulturellen Erbes, der Herkunft, des Glaubens und der Interessen den Männern ihrer Nation verbunden sind, hingegen nicht den ›Scharen von Immigranten‹ oder ›Fremden anderer Rassen‹ ..., verlangte etwa die irische Frauenrechtlerin Frances Power Cobbe 1884, wie Ute Gerhard in *Frauenbewegung und Feminismus – Eine Geschichte seit 1789* schreibt.[7] Feministinnen aus der ersten Welle der europäischen Frauenbewegungen haben den Glauben an die europäische Überlegenheit unhinterfragt übernommen. In ihren Schriften haben auch sie überwiegend den Orient als einen angeblich chaotischen und aufklärungsfeindlichen Osten einem vermeintlich fortschrittlichen, modernen und egalitären Westen gegenübergestellt und arabische Männer als »unzivilisierte Barbaren« beschrieben. In dem für die europäischen Frauenbewegungen zentralen feministischen Manifest *A Vindication of the Rights of Woman* von 1792 schreibt Mary Wollstonecraft, eine Ikone des europäischen Feminismus, gleich auf der ersten Seite ihrer Abhandlung: Männer, die ihren Frauen gegenüber ungerecht sind, würden sie »im echten Mohammedanischen Stil als untergeordnete Wesen und nicht als Teil der menschlichen Spezies« behandeln. Christliche, westliche Männer handelten gegen ihre »wahre Natur«, wenn sie ihre Frauen schlecht behandeln, führt Wollstonecraft weiter aus.[8] Bei den Arabern wäre ein derart frauenfeindliches Verhalten in ihrer Ethnie, Kultur und Religion wesentlich verankert, anders als im aufgeklärten Europa. Das Argument nutzt Wollstonecraft, um zu begründen, warum europäische Frauen Gleichstellung brauchen: Ohne Frauenrechte würde Europa unweigerlich in den gleichen »jämmerlichen« Zustand wie die arabische Welt fallen, so argumentierte sie.

Mit Blick auf Harem und Schleier übersah man Aspekte, in denen arabische Frauen den Europäerinnen durchaus etwas voraushatten. Denn im viktorianischen Zeitalter in England oder in Deutschland nach der gescheiterten Revolution in der Paulskirche 1848 waren diese alles andere als selbstbestimmt und gleichberechtigt.[9] Arabische Frauen hatten beispielsweise anders als Europäerinnen ein Recht auf ihr eigenes Vermögen, das sie auch selbst verwalten durften.[10] Das passte nicht ins Weltbild von der westlichen Überlegenheit und wurde daher ausgeblendet. Europäische Frauen waren damit genauso wie Männer Teil des kolonialen Projektes, mit dem sich Europa in seinem Überlegenheitswahn die Welt untertan machen wollte, auch Deutschland. Sie kritisierten zwar manchmal dessen Auswüchse, grundsätzlich stellten sie es aber nicht infrage. Den arabischen Frauen kam in den Narrativen europäischer Feministinnen dabei eine spezielle Funktion zu: Seit den frühen Schriften der europäischen Frauenbewegungen waren sie das »Andere«, von dem sich die Europäerinnen abheben konnten. Sie bildeten die Folie, den Hintergrund, vor dem man sich selbst aufwerten konnte, obwohl kaum eine der europäischen Frauenrechtlerinnen eine arabische Frau und ihre Lebensumstände persönlich kannte. Die angeblich passive, servile, »östliche« (arabische oder indische) Frau wurde zum Gegenüber, vor dem sich die europäische Frau als zivilisiert und aufgeklärt präsentiert hat. Die Orientalin war einerseits ein bedauernswertes Opfer und verkörperte andererseits ein Modell von sexualisierter Weiblichkeit, das jeder zivilisierten Nation unwürdig wäre.[11]

Während die Unterdrückung der Frauen im globalen Süden als Vorwand für die koloniale »Zivilisierungsmission« genutzt wurde, setzten gleichzeitig die männlichen Akteure alles daran, dass Frauen daheim in Europa weiter Bürgerinnen zweiter Klasse blieben. Ein besonders eklatantes Beispiel für diese Doppelstandards lieferte der britische Protektoratschef in Ägypten, Evelyn Baring, bekannter unter seinem Adelstitel Lord Cromer. Cromer betonte in seinen Verlautbarungen in Ägypten, er trete für die »unterdrückten arabischen Frauen« ein; die Briten seien gekommen, um diese vor den arabischen Männern zu »retten«. Gleichzeitig arbeitete Cromer in Großbritannien daran, britischen Frauen das Wahlrecht vorzuenthalten. Als prominentes Gründungsmitglied und phasenweiser Präsident der Men's League for Opposing Women's Suffrage vertrat er die Auffassung, britische Frauen bräuchten kein Wahlrecht, Politik sei eine Domäne der Männer.[12]

Im Dienst des Imperialismus: Das Motiv der Befreiung

Das Motiv der »Befreiung« der östlichen Frau spielt eine zentrale Rolle in der Kolonialpolitik. Es ist daher nur konsequent, wenn heute arabische Frauen dieses Motiv zurückweisen. Dabei reicht die Vorstellung, Europäerinnen und Europäer müssten arabische Frauen »befreien«, in der abendländischen Geschichte weit zurück, wohl bis in die Zeit der Kreuzzüge. Im Zeitalter des europäischen Imperialismus wurde die angeblich beklagenswerte Situation arabischer Frauen politisch benutzt, um militärische Interventionen zu ummanteln. Indem sie diese Narrative übernahmen, haben auch europäische Frauen diese mitlegitimiert.

Das führte bereits in den ersten internationalen Frauenorganisationen seit der Wende zum 20. Jahrhundert zu massiven Spannungen zwischen westlichen und orientalischen Frauen. Sichtbar wird das etwa am Beispiel der International Alliance for Women's Suffrage (IAWS), einer Organisation, die weltweit für das Wahlrecht von Frauen kämpfte. Eine der führenden deutschen Frauen der IAWS war Anita Augspurg (1857–1943). Die Organisation wurde 1904 in Berlin gegründet, zog aber bald nach London und gilt als die wichtigste Frauenrechtsorganisation, die in der ersten Hälfte des 20. Jahrhunderts international Frauen mobilisiert hat. Zwar waren auch arabische und indische Frauen Mitglied der Organisation und auch in den Führungsgremien vertreten. Doch als die Menschen in den kolonisierten Ländern des Nahen Ostens und Nordafrikas begannen, für ihre Unabhängigkeit zu streiten, waren die Gemeinsamkeiten zwischen den Frauen schnell aufgebraucht. Die europäischen Vertreterinnen der IAWS stellten sich nicht auf die Seite ihrer Schwestern aus dem Nahen Osten, sondern verteidigten die imperialen Ansprüche Europas.

Beim IAWS-Kongress in Kopenhagen 1939 drohte Ägyptens Frauenrechtsikone Hoda Shaarawi mit Rücktritt von ihrem Posten im Vorstand der Organisation, nachdem sie vergeblich die Unterstützung der westlichen Frauen für den Kampf der Araberinnen um Unabhängigkeit gesucht hatte. Der Streit entzündete sich besonders an der Frage Palästinas, das damals noch britisches Mandatsgebiet war (vor der Gründung des Staates Israel 1948). Arabischer Nationalismus und europäische Vorstellungen kollidierten hier besonders massiv. Während die Araberinnen in den in Palästina aktiven zionistischen Frauengruppen einen verlängerten Arm des europäischen Kolonialismus sahen, erhofften sich die Europäerinnen in der IAWS von den Zionistinnen »mehr Fortschritt« in einem »rückständigen Gebiet« und unterstützten deren Anliegen. Anstatt eine vermittelnde Rolle zwischen den Interessen beider Seiten einzunehmen, stellten sich die Europäerinnen einseitig auf die Seite der Zionistinnen, weil sie diese für »moderner« hielten. Ihr arroganter Blick auf die »rückständigen« Araberinnen hielt sie von einem tieferen Verständnis der Situation ab und verhinderte eine versöhnliche Haltung zwischen den beiden verfeindeten Gruppen. Während Shaarawi sich 1939 noch umstimmen ließ, brach ihre Nachfolgerin bei der Egyptian Feminist Union dann endgültig mit der Organisation IAWS.[13]

Zentrales Symbol für diese arabische »Rückständigkeit« war aus Sicht des kolonialen Europas das Kopftuch. Daher stritten die Kolonialmächte England und Frankreich dafür, dass arabische Frauen ihre Kopfbedeckung abnehmen, um sie zu »befreien«. In ihre Bildung wurde dagegen nicht investiert. So erhöhten etwa die Briten in Ägypten nach der Wende zum 20. Jahrhundert das Schulgeld und waren so verantwortlich dafür, dass manche ägyptische Frau ihre Schulkarriere nicht weiterverfolgen konnte.[14] Besonders rigoros war in diesem Punkt die 1830 beginnende französische Kolonialherrschaft in Algerien. In ihrer 132 Jahre dauernden »Zivilisierungsmission« sahen die Franzosen »den Islam« in Algerien als stärkstes kulturelles Hindernis, das es auszuschalten galt. Frauen und ihre Körper wurden zum Hauptkampffeld, für die Franzosen wie auch für den algerischen Widerstand. Für die Franzosen war die Kopfbedeckung das entscheidende Symbol des Islam in Algerien. Deshalb karrten sie Frauen aus algerischen Dörfern in die Städte, um sie dort öffentlich zu entschleiern. Auf Fotos und Postkarten wurden die Motive von der Entschleierung fotografisch festgehalten und in die Heimat geschickt. Es waren mit die ersten Fotografien von arabischen Frauen, die Europa erreichten. Die »Befreiung« vom arabisch-muslimischen Patriarchat durch eine

Zwangsentschleierung wurde zum Ziel des französischen Kolonialismus erklärt. Was die Frauen selbst dachten und was ihnen wichtig war, danach fragten die Franzosen nicht. Auf der Seite des algerischen Widerstands führte das dazu, dass die Verschleierung zum Symbol des Kampfes gegen die Franzosen wurde und man umso mehr darauf bestand, dass Frauen ihren Kopf bedeckten. So wurden die algerischen Frauen zu Gefangenen zwischen zwei Ideologien, die ihnen beide die freie Entscheidung absprachen.[15] Das westliche Motiv, arabische Frauen »befreien« zu wollen, wirkt sich bis heute negativ auf Frauenrechtlerinnen in der Region aus. Es führte dazu, dass sich ihr Engagement mit dem Vorwurf diskreditieren lässt, sie seien »Agentinnen des Westens«. Es ist ein Vorwurf, mit dem so gut wie alle Aktivistinnen und Organisationen zu kämpfen haben.

Retten mittels Bomben

Die Rechtfertigung von militärischen Interventionen mit Frauenrechten hörte auch mit der Unabhängigkeit der arabischen Nationalstaaten nicht auf. Selbst in jüngerer Zeit wurden Militäreinsätze damit begründet, man wolle arabische Frauen »befreien«. Der Kampf gegen den Terror und die US-amerikanischen Interventionen in Afghanistan und im Irak wurden auch als Einsatz für die »unterdrückten« Frauen legitimiert. »Mama, wir bombardieren Afghanistan, weil wir auch die afghanische Frau befreien müssen«, schrieb *BILD*-Kolumnist Franz Josef Wagner am 30.10.2001.[16] »Wegen unserer militärischen Erfolge in Afghanistan sind Frauen nicht mehr länger in ihren Häusern gefangen«, sagte US-Präsidentengattin Laura Bush in einer Radioansprache nach dem 17. November 2001.[17] »Frauen dürfen jetzt Musik hören und ihre Töchter unterrichten, ohne Angst vor Strafe haben zu müssen. (…) Der Kampf gegen den Terrorismus ist auch ein Kampf für die Rechte und die Würde von Frauen.« Bundeskanzler Gerhard Schröder stimmte in diesen Chor mit ein: »Wer die Fernsehbilder von den feiernden Menschen in Kabul nach dem Abzug der Taliban gesehen hat – ich denke hier vor allen Dingen an die Bilder der Frauen, die sich endlich wieder frei auf den Straßen begegnen dürfen –, dem sollte es nicht schwerfallen, das Ergebnis der Militärschläge im Sinne der Menschen dort zu bewerten«, zitiert die *Frankfurter Rundschau* den früheren SPD-Bundeskanzler am 17.11.2001.[18] Viele Feministinnen in Europa und den USA teilten damals diese Einschätzung.

Trotz aller Brutalität der Taliban und trotz aller Einschränkungen durch ihr Gewalt-Regime: Frauenrechte lassen sich nicht herbeibomben. Sie müssen von innen wachsen und dieser Prozess kann von außen lediglich unterstützt werden. Wesentlich sinnvoller ist es, lokale Projekte zu fördern, die auch unter der Taliban-Regierung arbeiten können. Das ist mühsam und langwierig, nimmt aber die Bevölkerung mehr mit als eine Intervention von außen, die zudem oft noch mit großer Arroganz und Unkenntnis der Situation vor Ort daherkommt.[19] Bomben auf die Zivilbevölkerung abzuwerfen, entspricht weder den Prinzipien des Feminismus noch ist es nachhaltig. Die vielen zivilen Opfer des westlichen Militäreinsatzes in Afghanistan, die Frauen und Kinder, die als »Kollateralschäden« bei den Drohneneinsätzen gegen Terroristen starben, erwähnt weder Laura Bush noch Schröder. So werden Frauenrechte für eine politische Agenda der Dominanz missbraucht.[20]

Wieder wurde das Thema Frauenrechte zum zentralen Aspekt für eine vermeintliche Unterscheidung zwischen »Zivilisation« und einer »archaischen« Welt. Der Krieg gegen die Taliban wurde zu einer »Zivilisierungsmission« erklärt, wie es schon die Errichtung des britischen Protektorats am Nil oder die französische Besatzung Algeriens im 19. Jahrhundert war. Dass die Rede von den Frauenrechten nur dazu dienen sollte, im Westen eine Akzeptanz für den Militäreinsatz zu finden, wurde 20 Jahre später offensichtlich. Als die USA und ihre Alliierten, darunter auch Deutschland, im August 2021 überhastet aus Afghanistan abzogen und die Taliban erneut an die Macht kamen, war von Frauen und ihren Rechten keine Rede mehr.

Im Irak verlief das Muster bei der US-Militärintervention zum Sturz von Diktator Saddam Hussein im Jahr 2003 anders, aber auch nachteilig für Frauen. Mit fingierten Berichten über angebliche Massenvernichtungsmittel, die Iraks Diktator im Land versteckt halten würde, begründeten die USA unter George Bush ihre Militärintervention im Land. Tausende Iraker starben, ein Machtvakuum entstand, das zum Aufstieg der Terrorgruppe Islamischer Staat führte, die Gewalt und Schrecken verbreitete, wovon sich das Land bis heute nicht erholt hat. Anders als in Afghanistan gehörte der Irak zu den in Geschlechterfragen fortschrittlichen arabischen Ländern. Mehr als zehn Jahre Sanktionen, der gewaltsame Sturz von Saddam Hussein und die darauffolgende amerikanische Besatzung bedeuteten jedoch einen massiven Rückschritt für Frauen.[21] Das meint nicht nur die sich verschlechternden Lebensbedingungen und Rückschritte bei der Bildung. Irakische Frauen waren vor 2003 dank einer staatlichen Arbeitsplatzgarantie für Hochschulabsolventinnen am stärksten in der gesamten Region auf dem Arbeitsmarkt vertreten. Schon 1991 waren 23 Prozent aller irakischen Frauen berufstätig und das Vorbild der berufstätigen Mutter wurde vom Regime unter Saddam Hussein aktiv propagiert – Sozialleistungen wie Mutterschutz und kostenlose Kinderbetreuung inklusive. Ein Jahrzehnt später hatte sich die Zahl der berufstätigen Frauen halbiert. Nach mehr als einem Jahrzehnt US-Sanktionen und der Militärintervention 2003 brachen Sozialstaat und Wirtschaft zusammen, was Frauen besonders hart traf; sie blieben wieder verstärkt zu Hause. Die Gesellschaft wurde konservativer und die konfessionelle Zugehörigkeit wichtiger.[22] Mit der neuen Verfassung von 2015 wurde auch die irakische Politik rekonfessionalisiert und Verbesserungen wie das Verbot von Zwangsehen aus dem Familienrecht von 1959 wurden wieder rückgängig gemacht.[23]

Eine neue Solidarität ist nötig

Als die Terrororganisation Hamas am 7. Oktober 2023 den Süden Israels überfiel und dort ein Massaker anrichtete, war das Entsetzen weltweit groß angesichts der grausigen Taten, die zudem noch auf Social Media in Szene gesetzt worden waren. Während die israelischen Opfer des Hamas-Terrorangriffs zu Recht volle Empathie genießen, ließ der Aufschrei angesichts von Tausenden toter Zivilistinnen und Zivilisten beim Vergeltungskrieg Israels im Gazastreifen in Deutschland zu lange auf sich warten. Während in arabischen Medien die israelischen Opfer und die Leiden der Geiseln kaum Erwähnung finden, war in den deutschen Leitmedien zumindest bei Beginn des Gaza-Krieges zu lesen, Israel müsse sich verteidigen dürfen, auch wenn unverhältnismäßig viele Zivilistinnen und Zivilisten dabei ums Leben kommen. Im Gaza-Krieg ist die Zahl der toten Frauen und Kinder besonders hoch, sie soll nach UN-Angaben bei 70 Prozent der gesamten Opfer liegen. Hier haben Palästinenserinnen zu Recht die internationale Solidarität lange vermisst.[24] Feministische Solidarität muss hier bedeuten, das Leiden der Opfer auf allen Seiten anzuerkennen und nach gewaltfreien Lösungen für alle zu suchen. Weder dürfen israelische Opfer als Folge »postkolonialen Widerstands« verharmlost noch der Tod unschuldiger palästinensischer Frauen und Kinder als angeblich unvermeidlich hingenommen werden. Alles andere würde menschenrechtliche Doppelstandards bedeuten.

Bis heute unterstützen westliche Regierungen Regime in der arabischen Welt, die Frauen daran hindern, für ihre Rechte zu kämpfen. So etwa unterstützt Deutschland das diktatorisch regierte Ägypten mit staatlichen Bürgerschaften für Großprojekte, mit Rüstungsprojekten und kooperiert auch im Sicherheitsbereich mit der autoritären Führung, obwohl die Regierung des ehemaligen Armeegenerals Abdel Fattah al-Sisi zu den repressivsten in der Region gehört. Unter al-Sisi ist die Zivilgesellschaft derart mundtot gemacht worden, dass Frauenrechtlerinnen fast keinen Spielraum mehr haben, um für ihre Anliegen zu werben. Die al-Sisi-Regierung verkauft sich zwar im Westen als säkular, tatsächlich aber verstärkt sie mit ihrem repressiven Kurs den islamisch-konservativen Konsens in der ägyptischen Gesellschaft derart, dass beinahe jede gesellschaftliche Debatte im Keim erstickt wird – eine Tragödie für das Land, das einst das Zentrum der arabischen Kultur war. Mit einer wertegeleiteten, feministischen Außenpolitik, wie sie sich Außenministerin Baerbock (Bündnis 90/Die Grünen) auf die Fahnen geschrieben hat, hat das nichts zu tun. Viel mehr hat es zu tun mit wirtschaftlichen Interessen und der Angst Europas vor Migration über das Mittelmeer.[25]

Der Westen hat trotz aller feministischen Rhetorik arabischen Frauen mehr geschadet als genützt, und zwar mit einer langen Tradition. Das enthebt die Autokraten in der Region nicht der Hauptverantwortung für fehlende Bürgerrechte, für soziale und ökonomische Schwierigkeiten. Dennoch bleibt aus feministischer Perspektive, dass Solidarität mit arabischen Frauen bedeuten muss, diese ökonomischen und politischen Umstände und die westliche Mitverantwortung für diese mitzubedenken. Das fordert auch Soumaya Mestiri, die Philosophin aus Tunis. »Der Feminismus, den wir uns wünschen, ist ein Feminismus ohne Grenzen, der sich begegnet, ohne die Dinge in Schubladen zu stecken, und der versteht, ohne zu beschönigen«, schreibt sie in ihrem Buch *Décolonisez le féminisme* und wünscht sich eine echte Solidarität ohne Versuche, anderen vorzuschreiben, was für sie richtig sei. Eine Solidarität, die auf Gegenseitigkeit basiert und auf »Respekt für unsere Differenzen«.[26]

Kapitel 9

Veränderte Lebenswelten: Frauen auf dem Vormarsch – und was ist mit den Männern?

Von ihrem Schreibtisch aus kann Souad Abderrahim auf die alte Medina von Tunis blicken. Es ist ihr Platz, seitdem sie im Herbst 2018 zur derzeit einzigen Bürgermeisterin einer arabischen Hauptstadt gewählt wurde. Sie residiert im imposanten Rathaus, einem Bau mit neo-orientalischen Bögen und gewaltiger Glasfassade mitten in Tunis. Souad Abderrahim ist das Oberhaupt, die Scheicha, der Stadt am Mittelmeer mit ihren rund zwei Millionen Einwohnern. Ihre Wahl war ein historisches Ereignis für die arabische Welt. Noch nie hatte im Nahen Osten oder in Nordafrika eine Frau eine derart herausgehobene Stellung in einer Hauptstadt erlangt. Zwar gab es auch in Iraks Hauptstadt Bagdad fünf Jahre lang eine Bürgermeisterin, doch diese hatte anders als Souad Abderrahim kaum Kompetenzen.[1] Es war ein Ergebnis der Revolution von 2011, dass im Jahr 2018 die Bürgerinnen und Bürger in Tunesien zum ersten Mal Stadträte wählen durften, die dann aus ihren Reihen das Stadtoberhaupt bestimmten. Souad Abderrahim, schlank, eloquent, mit halblangen braunen Haaren und wachen Augen, gewann die Wahl und darf damit auch den traditionellen Ehrentitel »Scheicha der Stadt« tragen.[2]

Souad Abderrahim passt in keine Schublade. Die studierte Pharmazeutin stammt ursprünglich nicht aus Tunis, sie ist in Sfax geboren und hat in Monastir studiert, wo sie sich einer oppositionellen, islamisch orientierten Studentengewerkschaft anschloss. Sie baute ihr eigenes Unternehmen in der Pharmabranche auf und zog zwei Kinder groß. Lange Zeit trug sie das Kopftuch, legte es aber später ab. Nach der Revolution in Tunesien 2011 schloss sie sich der islamisch-konservativen Ennahda-Partei an, allerdings fällt sie ohne Kopftuch auch hier aus dem Rahmen; die meisten Abgeordneten und Aktiven der Partei tragen den Hijab und Abderrahim musste deswegen immer wieder Kritik von ihren Parteikolleginnen einstecken. Für Ennahda saß sie in der konstituierenden Nationalversammlung, bei den Kommunalwahlen 2018 stellte die Partei sie als unabhängige Spitzenkandidatin in der Hauptstadt auf.[3]

Der Wahlkampf war eine Schlammschlacht. Den einen war Abderrahim zu konservativ, den anderen zu liberal. Sie wurde als Aushängeschild der Islamisten verdammt, als Vorzeigefrau für eine angeblich verkappte konservative Agenda diffamiert, für unfähig erklärt. Da sie nicht zur Elite von Tunis gehört, die bis dahin stets den Bürgermeister stellte, wurde ihr vorgeworfen, sie habe keine Ahnung von den Problemen der Hauptstadt. Es wurde ausgegraben, dass sie sich einmal abfällig über alleinerziehende Mütter geäußert hatte, was sie später relativierte. Ihre Gegner von der säkularen Partei Nidaa Tounes, einer Partei, die sich sonst Frauenrechte auf die Fahnen schreibt, fielen mit frauenfeindlichen Sprüchen auf. Wie soll eine Frau Bürgermeisterin sein, wenn sie doch bei hohen Festen als oberste Vertreterin der Stadt in der Moschee standesgemäß in der ersten Reihe, gleich hinter dem Imam stehen müsse? Das gehe nicht, denn Frauen und Männer müssten getrennt beten, ätzte der Parteisprecher von Nidaa Tounes im tunesischen Fernsehen. Es sei nicht verboten für eine Frau, in der Moschee neben den Männern zu stehen, konterte Abderrahim. Man werde sich daran gewöhnen. Überall auf der Welt begegnen Frauen Widerstände, wenn sie für ein öffentliches Amt kandidieren. In der arabischen Welt wird dann gerne auf vermeintliche kulturelle Wurzeln verwiesen, die dem entgegenstehen.

Die Wählerinnen und Wähler ließen sich von den Diffamierungen nicht beeindrucken. Abderrahim gewann die Wahl. Sie holte 35 Prozent der Stimmen für ihre Partei und der Stadtrat wählte sie mit 26 zu 22 Stimmen zur Bürgermeisterin. »Ich widme meinen

Sieg allen Frauen Tunesiens und der gesamten Jugend des Landes«, sagte sie bei ihrem Wahlsieg gegenüber der französischen Presse. »Dass sich die Menschen eine Frau in dieser Funktion vorstellen können, die in der Vergangenheit immer von Männern besetzt worden ist, das ist wirklich eine Botschaft. Es wird dazu beitragen, die Macho-Mentalität in Tunesien zu überwinden.«[4]

Einmal im Amt wollte sie sich nicht groß an den ideologischen Kämpfen zwischen den verschiedenen politischen Lagern Tunesiens beteiligen. Stattdessen ging sie pragmatisch an die Herausforderungen in der Stadtpolitik heran, nahm Probleme wie die marode Infrastruktur, die vielen Verkehrsstaus, fehlende Grünflächen und das drängende Müllproblem bei nur kleinen Handlungsspielräumen in Angriff. Ihr Lieblingsplatz ist dabei nicht der imposante Schreibtisch, sondern die Ortsbegehung der vielen Baustellen in der Stadt, wo sie das Gespräch mit Architekten, Bauleitern und Anwohnern sucht.[5]

Die neuen Entscheiderinnen: Frauen in der Politik

Natürlich kocht auch Souad Abderrahim nur mit Wasser, macht auch sie Fehler und kann nicht alles durchsetzen, was ihr vorschwebt. Ihre Handlungsspielräume wurden durch die Wirtschaftskrise und die zunehmend autoritäre Führung des Landes unter Präsident Kais Saied enger und auch sie musste harte Kritik an ihrer Amtsführung einstecken. Aber als erste gewählte Bürgermeisterin einer arabischen Hauptstadt ist Souad Abderrahim ins Zentrum der Macht vorgestoßen und ihr Beispiel hat in Tunesien Schule gemacht. Inzwischen gibt es im ganzen Land rund 20 Bürgermeisterinnen. Männer hätten nicht die Macht gepachtet, sagte Abderrahim einmal, aber der Weg zur echten Chancengleichheit ist auch in Tunesien noch lang und mühsam.[6]

Die gläserne Decke, das Ausgebootet-Werden und Nicht-ernstgenommen-Werden kennen arabische Frauen nur zu gut. Aber sie beißen sich durch, nutzen hartnäckig ihre Chancen und sind oft sehr ehrgeizig. Der Anteil von Frauen in den Parlamenten ist im Durchschnitt in den letzten 20 Jahren gestiegen und lag nach Angaben der Weltbank im Jahr 2020 im Durchschnitt bei immer noch niedrigen 17 Prozent mit einigen interessanten Ausreißern. In den Emiraten liegt die Quote mit 50 Prozent am höchsten. Einige Länder haben Quotenregelungen eingeführt, die helfen sollen, mehr Akzeptanz für weibliche Abgeordnete zu schaffen.[7] Denn Vorbehalte gegen Frauen in öffentlichen Ämtern gibt es immer noch, auch wenn sie sich abschwächen. Nach einer Umfrage des Meinungsforschungsinstituts Arab Barometer aus dem Jahr 2022 sind die befragten Männer und Frauen in neun von zwölf arabischen Ländern zwar mehrheitlich der Auffassung, Männer seien die besseren Politiker. Interessant ist jedoch, dass Befragte aus dem Libanon und aus Tunesien überwiegend anderer Meinung sind – ein Beispiel dafür, dass sich Einstellungen verändern, wenn es normal wird, Frauen in Spitzenpositionen des Staates zu sehen. Die Menschen gewöhnen sich daran. Außerdem weist Arab Barometer darauf hin, dass der Anteil der Skeptiker gegenüber Frauen in öffentlichen Ämtern in den letzten 15 Jahren stetig gesunken sei.[8] Die öffentliche Meinung befindet sich im Wandel. Am rasantesten ist dieser Wandel in Tunesien zu beobachten.

Als Annalena Baerbock am 8. Dezember 2021 ihr Amt als erste deutsche Außenministerin antrat, hatte die arabische Welt diese Premiere schon hinter sich. Fawzia Yusuf Haji aus Somalia war ab 2012 zwei Jahre lang Premierministerin und Außenministerin ihres Landes, auch in Mauretanien und in Libyen gab es bereits Außenministerinnen.[9] In Libyen war die Rechtsanwältin Najla El Mangoush, geboren 1973, nur einige Monate vor Baerbock, im März 2021, zur Außenministerin ernannt worden. Die Juristin ist keine Karrierediplomatin und ihre Ernennung war damals eine ziemliche Überraschung. Nicht nur, weil sie eine Frau war, sondern auch weil sie als Expertin für das Thema zivile Konfliktlösung im vom Bürgerkrieg zerrissenen Libyen eine ausgesprochene Randerscheinung darstellte. Der für den Westen des geteilten Libyens zuständige international anerkannte Ministerpräsident Abdul Hamid Dbeibeh hatte seinen Wählern versprochen, 30 Prozent des Kabinetts mit Frauen zu besetzen, so wie es das Libyan Political Dialogue Forum (LPDF) in Genf vereinbart hatte. Tatsächlich hielt er sich nicht an die Vereinbarung, aber so kam Libyen wenigstens zu seiner ersten Außenministerin. El Mangoush war bereits 2011 während der Proteste gegen Gaddafi in der Stadt Bengasi aufgefallen, als sie die Medien mit Informationen über die Demonstrationen versorgte. Weniger bekannt ist, dass El Mangoush sich während ihrer Amtszeit wie Baerbock für eine feministische Außenpolitik starkmachte. Die Libyerin warb dafür, im Kontext des vom Bürgerkrieg geplagten Landes ein größeres Augenmerk auf das Leiden von Frauen zu legen, und war damit eine der wenigen Politikerinnen außerhalb Europas, die sich das Konzept einer feministischen Außenpolitik zu eigen gemacht hat. Es war 2014 die damalige schwedische Außenministerin Margot Wallström, die den Begriff prägte und als Erste diesen Fokus in der Außenpolitik ihres Landes umzusetzen versuchte.[10]

Allerdings währte die Amtszeit von El Mangoush nur kurz. Im August 2023 wurde sie von Dbeibeh entlassen, nachdem sie in seinem Auftrag in Rom den israelischen Außenminister inoffiziell getroffen hatte und das Meeting publik geworden war. Nach Protesten in Libyens Hauptstadt Tripolis musste El Mangoush um ihr Leben fürchten, denn beide Länder haben keine diplomatischen Beziehungen und aufgebrachte Demonstranten warfen ihr vor, dennoch über eine Zusammenarbeit mit Israel gesprochen zu haben. El Mangoush floh nach Istanbul.[11] Frauen wie Souad Abderrahim und Najla El Mangoush gehören zu einer neuen Generation von arabischen Politikerinnen, die wirklich etwas bewegen wollen. Denn es nützt nur wenig, wenn der Frauenanteil in Parlamenten und Kabinetten steigt, diese Frauen aber nur wenige politische Rechte haben oder lediglich als Schaufenster für eine liberale Haltung ihres Landes dienen, während de facto die Autokraten bestimmen. Manche weibliche Abgeordnete in den nationalen Parlamenten wird von den Autokraten als Feigenblatt aufgestellt, um eine Offenheit zu demonstrieren, die nicht wirklich besteht. Diese Frauen werden zwar gewählt, doch sie vertreten in erster Linie die Agenda der Autokraten und setzen sich nicht für Frauenrechte ein. Außerdem gibt es auch Frauen, die sich von autoritären Regimen kaufen lassen, um von den Fleischtöpfen der Macht zu profitieren. Anstatt sich für die sozialen, ökonomischen und ökologischen Belange der Menschen einzusetzen, vertreten sie die Agenda der Autokraten. Und nicht zu vergessen, bereichern sich auch Diktatorengattinnen wie Suzanne Mubarak in Ägypten, Leila Trabelsi, die Ehefrau von Tunesiens langjährigem Diktator Ben Ali, und – aktuell immer noch – Asma al-Assad, die sich wie ihre Männer an der Ausplünderung der ihnen anvertrauten Gesellschaften beteiligen. Diese Diktatorenehefrauen und korrupten Anhängerinnen von Autokraten sind nicht gemeint, wenn es darum geht, dass arabische Frauen die Politik verändern. Denn Frauenrechte können dauerhaft nur zusammen mit politischen Rechten für alle arabischen Bürger durchgesetzt werden.

Sogar auf dem Land und in marginalisierten Gebieten übernehmen Frauen jetzt Verantwortung in öffentlichen Ämtern. Auch in Jordanien wurden die Mitglieder von Stadt- und Provinzräten lange Zeit von den jeweiligen Gouverneuren ernannt. Erst mit den ersten Lokalwahlen 2017 wurden in Kommunen und Regionen Gremien eingerichtet, die ähnlich wie Stadtparlamente über lokale Angelegenheiten entscheiden dürfen.[12] Selbst wenn diese Wahlen in puncto Demokratie nicht mit denen in Tunesien vergleichbar waren, bietet Mitbestimmung auf lokaler Ebene auch in Jordanien neue Chancen für Frauen wie Asma Rashahneh, 55 Jahre alt, von Beruf Lehrerin.

Ich treffe Rashahneh im Haus der Provinzverwaltung von Madaba, einer Stadt im konservativen Süden Jordaniens. Ich erwarte sie im Büro des Direktors, der wohl mitbekommen will, was wir so reden. Er sitzt vor einem Bildnis von Jordaniens König Abdullah II. an einem riesigen, leeren Schreibtisch, während ständig Bittsteller kommen und gehen. Als Rashahneh zur Tür hereinkommt, bin ich im ersten Moment überrascht, denn sie könnte mit ihrem bodenlangen Mantel, Kopftuch und ungeschminkt kaum unauffälliger aussehen. Sie wirkt zurückgenommen, unscheinbar. Was sie dann erzählt, passt zuerst nicht zu ihrer äußeren Erscheinung. Aber ihr Engagement ist klar und kompromisslos, wie sie mir auf einem Spaziergang durch Madaba erzählt – außerhalb der Reichweite des neugierigen Direktors. Sie erzählt von ihrer Kindheit auf dem Dorf rund 30 Kilometer von Madaba entfernt, als die Mädchen noch jung von den Eltern verheiratet wurden und ihr Leben in häuslichen Bahnen vorgezeichnet war. Ausschließlich Männer besprachen und regelten damals die Angelegenheiten des größeren Clans. Rashahneh war schon als junge Frau anders, sie ging nach Amman zum Studium und heiratete mit 24 Jahren den Mann, den sie haben wollte.

Als sie 2017 für das Amt im Provinzrat kandidierte, war sie schon bekannt in Madaba. Als Provinzrätin wollte sie sich für bessere Dienstleistungen für die Bürgerinnen und Bürger einsetzen. Mit zwei anderen Frauen wurde sie dann im gleichen Jahr in das 20-köpfige Gremium gewählt. Mit Männern zusammen in einem Gremium zu arbeiten, das sei schon eine Herausforderung, meint sie und lacht kurz auf. Eine Frau, die Anweisungen gibt, das könnten manche Männer noch nicht akzeptieren. Außerdem werde bei Frauen immer darauf geschaut, wie sie aussehen und wie sie sich kleiden. Deshalb, so sagt sie, ziehe sie sich unauffällig an. Sie versteckt ein Stück weit ihre Weiblichkeit, damit die Männer im Provinzrat auf ihre Argumente hören und nicht auf ihr Äußeres schauen. Wie so viele Politikerinnen auf der Welt zahlt sie diesen Preis für ein Leben in der Öffentlichkeit. Rashahnehs Themen sind die Probleme der Jugend, die hohe Arbeitslosigkeit und Frauenrechte. Sie bringe für ihr Amt sehr viel Erfahrung mit, betont sie, »mehr als die meisten Männer«, und ja, sie könne sich durchsetzen. Innerhalb nur einer Generation sind Frauen auch in dieser konservativen ländlichen Region in eine vollkommen neue Rolle hineingewachsen. Asma Rashahneh war dabei eine der Pionierinnen und wurde zum Vorbild für die junge Generation von Frauen.

Von Wirtschaft bis Sport: Durch die gläserne Decke

Arabische Frauen gehen nicht nur in die Politik. Sie sind dabei, sich alle Lebensbereiche zu erobern. Sie leiten Unternehmen oder Zeitungsredaktionen, moderieren Fernsehsendungen, machen Filme und Kampfsport, gründen Tauchschulen und Erziehungsberatungsstellen, werden Kampfpilotin, Astronautin, Lkw-Fahrerin oder Polizistin. Was vor einer Generation noch die Ausnahme war, wird zunehmend Normalität. Auf dem Arbeitsmarkt bleibt es aber für sie angesichts einer schwierigen Wirtschaftslage in vielen arabischen Ländern (außer am Golf) und der oftmals fehlenden Jobs schwierig. Fehlende Kinderbetreuung, mangelhafter öffentlicher Transport, aber auch Vorurteile, kulturelle Hemmnisse und Bedenken, wenn Männer und Frauen gemeinsam arbeiten, sorgen dafür, dass es auch qualifizierte Frauen bei der Jobvermittlung besonders schwer haben, obwohl sie heute die Mehrzahl der Universitätsabsolventen stellen.

Deswegen ist die Zahl berufstätiger Frauen in der Region auch heute noch im internationalen Vergleich besonders niedrig. Nur etwa durchschnittlich 20 bis 25 Prozent der Frauen stehen in einem formalen Beschäftigungsverhältnis, Schlusslicht ist Jordanien mit 15 Prozent.[13] All jene, die im informellen Sektor, etwa in der Landwirtschaft oder im häuslichen Umfeld arbeiten, die Stände auf Märkten oder Garküchen betreiben, sind hierin nicht erfasst. Es ist die weltweit niedrigste Rate; Europa und die USA liegen bei einer weiblichen Erwerbsquote von etwa 50 Prozent. Dennoch sind Frauen auch in der Wirtschaft im Kommen, zum Beispiel bei Startups. Jedes dritte arabische Start-up wird von einer Frau geleitet.[14] Sie entwickeln Lernsoftware, stellen Hörbücher her oder bieten Catering-Services und häusliche Dienstleistungen an. Damit verändern sie auch die Arbeitswelt und stellen die alte Regel auf den Kopf, dass immer die Männer die Chefs sind.

Arabische Frauen am Golf jonglieren mit Milliarden. Forbes Middle East listet jedes Jahr die hundert einflussreichsten Frauen in der Wirtschaft der Region auf. Auf Platz eins der aktuellen Liste steht Lubna S. Olayan, die 2004 als erste Frau Mitglied im Vorstand eines privaten saudischen Unternehmens arbeitet und heute im Topmanagement der Saudi-British Bank tätig ist.[15] Quer durch die Region haben Frauen als Managerinnen von Ölfirmen, Gesundheitsanbietern, Lebensmittelkonzernen oder Telekommunikationsfirmen wachsenden Einfluss. Doch nicht nur auf dieser Topebene gibt es zunehmend Frauen. Der Sport bietet Frauen aus allen Gesellschaftsschichten die Chance, Neuland zu erobern und zum Rollenvorbild für andere zu werden. Lange den Männern vorbehalten gibt es heute keinen Sport mehr, in dem arabische Frauen nicht vertreten sind. Gesellschaftlich besonders relevant ist dabei der Frauenfußball. Marokkos Fußballerinnen konnten sich als erstes arabisches Frauenfußballteam für die Weltmeisterschaft im Juli 2023 in Australien und Neuseeland qualifizieren und haben damit viel für die Akzeptanz des Frauenfußballs in der Region getan.[16]

Lange waren Regierungen und nationale Verbände bei der Förderung des Fußballs für Frauen zurückhaltend. »Das hat mit den akzeptierten Normen, innerhalb derer Frauen funktionieren sollen, zu tun«, sagt Susan Shalabi, Vizepräsidentin des Palästinensischen Fußballverbands und eine der wenigen arabischen Frauen, die eine leitende Position im Fußball bekleiden[17]. »Fußball wurde bis vor Kurzem immer als rauer, männlicher Sport angesehen. Mädchen wurden nicht ermutigt, Fußball zu spielen«, so Shalabi weiter. Doch diese Zeiten sind vorbei. Die internationalen Erfolge der Marokkanerinnen haben hier neue Türen geöffnet. Sogar Saudi-Arabien unterstützt jetzt den Frauenfußball. Seit 2020 gibt es in dem Land, das Frauen erst seit 2018 gestattet, als Zuschauerinnen ins Stadion zu gehen, eine eigene Frauen-Fußballliga und eine Frauenfußball-Nationalelf, die von der deutschen Trainerin Monika Staab gecoacht wird.[18] Es ist dieser »Feminismus des Alltags«[19], wie der iranisch-amerikanische Soziologe Asef Bayat es nennt, der die arabische Welt am meisten verändert. So ermächtigen Frauen sich selbst in einem alltäglichen Kampf, gewinnen an Selbstbewusstsein, ohne dass es sich direkt um Aktivismus handelt. Sie fordern ungerechte Rollenverteilungen heraus, umgehen Hindernisse und unterminieren so auf subtile, aber effektive Weise Einschränkungen. Damit verändern sie die Lebenswelten jeden Tag ein bisschen mehr.

Familienarbeit: Wer bringt die Kinder ins Bett?

Wenn Frauen beruflich immer mehr durchstarten, wer macht dann zu Hause die Wäsche, kocht, holt die Kinder aus der Kita und bringt sie abends ins Bett? Die Frage einer gerechten Aufteilung der Care-Arbeit ist als Thema in der arabischen Welt noch nicht so präsent wie in Europa oder den USA, aber junge Frauen bringen sie durchaus aufs Tapet. Je nach dem gesellschaftlichen Kontext, in dem sie leben, sind ihre Erfahrungen unterschiedlich. Doch die selbstverständliche Erwartung, dass Frauen für alle Sorgearbeit zuständig sind, zerbricht. Die Rollenverteilung in den Familien stehe seit der Revolution von 2011 auf dem Prüfstand, meint Asma Gatri, die junge Selbstständige aus der tunesischen Stadt Kef. »Es gibt einen Wandel in der Mentalität«, sagt sie. »Frauen fordern jetzt ein, dass die Aufgaben im Haushalt und bei der Kindererziehung, aber auch das Einkommen der Familie gerecht aufgeteilt werden.« In ihrer Familie jedenfalls müssten auch die Brüder im Haushalt mithelfen. »Wenn Frauen berufstätig sind, ist es unrealistisch anzunehmen, dass sie wie früher die gesamte Hausarbeit und Kindererziehung übernehmen,« so Rawan Baybars, 35, die mit ihrem Bruder und ihren Eltern in Amman lebt und bei einer Nichtregierungsorganisation arbeitet. »Wir erwarten von den Ehemännern, dass sie mehr übernehmen.« Amal Kenzari, die in Casablanca ein Start-up für Lederwaren betreibt, 31 Jahre alt, ist skeptischer: »Wir leben in einer

Gesellschaft, die den Frauen alle Hausarbeit aufbürdet und das alles neben ihrem Beruf. Es ist sehr schwer, Beruf und Familie zu vereinbaren«, sagt sie. Kenzari ist wie Baybars und Gatri ebenfalls ledig, beruflich stark engagiert und will doch einmal heiraten. Ob es ihr dann noch gelingen wird, in ihrem Beruf so engagiert zu bleiben? Diese Frage treibt sie um.

Wie sehr die arabische Welt zwischen neuen Familienbildern und traditionellen Werten schwankt, belegt die große länderübergreifende Studie über Männlichkeitsbilder der Organisation UN Women von 2017. Für *Understanding Masculinities*[20] wurden 10 000 Männer und Frauen quer durch die Region befragt. Ihre Antworten zeigen, wie sehr der Wandel der Geschlechterrollen verunsichert. Viele Muster bei der Verteilung von Haus- und Erziehungsarbeit halten sich hartnäckig. So werden Mädchen nach wie vor in der Regel früh zur Arbeit im Haus herangezogen und haben weniger Freizeit als Jungen, die sich draußen freier bewegen dürfen. Auch ist die Meinung, dass Brüder für ihre Schwestern verantwortlich sind, immer noch weit verbreitet. »Wir sind weder in der Tradition noch in der Moderne verankert. Wir stehen zwischen beidem, ohne zu wissen, wo wir uns selbst verorten sollen«, zitiert die Studie eine junge Marokkanerin in ihren 20ern, die diese Widersprüche auf den Punkt bringt.[21] Mehr als die Hälfte der von UN Women befragten Männer im Libanon, in Ägypten, Marokko und Palästina befürworten es zwar, wenn ihre Frauen berufstätig sind. Geht es aber um die Hausarbeit, dann gehen sie nach wie vor davon aus, dass Frauen den größten Teil der Sorgearbeit übernehmen, während sie alle wesentlichen Entscheidungen für die Familie treffen wollen. Wenn sie sich an der Arbeit zu Hause beteiligen, dann übernehmen sie eher als typisch männlich angesehene Arbeiten wie Reparaturen. Unter den Befragten aus Ägypten gaben weniger als ein Viertel an, sie hätten im Monat vor der Umfrage häusliche Arbeiten wie zum Beispiel Kochen oder Putzen übernommen. Unter den Gebildeten waren es mehr als unter Männern mit niedrigen Bildungsabschlüssen. Erstere kümmerten sich sogar manchmal um die Hausaufgaben der Kinder. Insgesamt ist hier noch Luft nach oben. Während viele Männer durchaus mehr soziale und politische Rechte für Frauen befürworten, bleiben die Einstellungen im privaten Umfeld oft noch konservativ. Aber die Antworten spiegeln auch männliches Wunschdenken: Alles soll zu Hause möglichst so bleiben, wie es einmal war. Denn wenn man sich die Antworten der Frauen in der Umfrage anschaut, dann wollen sie Veränderung. Eine Mehrheit der Frauen lehnt es ab, dass sie allein für die Familienarbeit zuständig sein sollen. Sie sind auch dagegen, dass die letzte Verantwortung für Entscheidungen in der Familie beim Mann liegen soll.

Krise der Männlichkeit

Kinderwagen schiebende oder Babys wickelnde Männer haben also noch Seltenheitswert in der arabischen Welt, ähnlich wie bei uns noch vor der Jahrtausendwende. Doch immer mehr Männer distanzieren sich von den patriarchalen Idealen ihrer Väter und Großväter. Sichtbar wird das zum Beispiel in den sozialen Medien, wo neue Rollenbilder transportiert werden. Hier sind es vor allem Influencer vom Golf, die neue Rollen von Vätern zeigen. In Dubai ist eine Szene von äußerst beliebten Youtubern entstanden, deren Videos die Region erobert haben. Influencer wie Azza Zarour, Essam-Nour Family oder Siamand und Schahad haben ein Millionenpublikum, das sich sicher auch für ihren luxuriösen Lebensstil begeistert.[22] Besonders beliebt ist der Kanal der saudischen Familie Moshaya mit 22 Millionen Abonnenten, die das »Abenteuer des täglichen Lebens« mit ihren reichlich frechen Kindern zwischen Großbritannien und Saudi-Arabien vor aller Augen ausbreitet.[23]

Die Youtuber präsentieren ihr perfektes Familienleben in stets aufgeräumten und modern eingerichteten Wohnungen. Neben viel Shopping zeigen die Videos auch ein anderes Familienleben, als es in der arabischen Welt noch vor einer Generation üblich war: Man sieht liebevolle Familienväter, die Babys wickeln, mit ihren Kindern spielen oder sie in die Kita begleiten. Mann und Frau gehen fürsorglich miteinander um und teilen sich Aufgaben im Haushalt und in der Erziehung – auch wenn es überwiegend noch die Frauen sind, die in der Küche stehen. Umarmungen und Körperkontakt zwischen den Ehepartnern vor einem Millionenpublikum sind erstaunlich, wenn man bedenkt, dass dies traditionell nicht in der Öffentlichkeit gelebt wird. Sicher sind diese Videos nicht besonders reflektiert, sie dienen der Unterhaltung, aber sie erreichen ein Massenpublikum. Überkommene Bilder von Männlichkeit werden von Einzelnen aber auch radikaler infrage gestellt. Für den marokkanischen Soziologen und Genderforscher Abdessamad Dialmy ist die entscheidende Frage, »ob wir bereit sind zu einer Männlichkeit ohne Dominanz«[24]. Der 76-Jährige ist vermutlich der Erste in der arabischen Welt, der diese Frage wissenschaftlich aufgegriffen und dazu Umfragen gemacht hat.[25] Dialmy hat für seine Arbeit eine Menge an Drohungen und Beleidigungen über sich ergehen lassen müssen. Das hat ihn aber nicht aufgehalten. »Wir haben heute eine Minderheit von Männern, die für eine egalitäre Männlichkeit (ohne Dominanz) stehen, Männer, die sich an feministischen Aktivitäten beteiligen und Frauenrechte unterstützen«, schreibt er in seiner Analyse.[26] Dieser Gruppe sei bewusst, dass Männlichkeit sozial konstruiert ist. Diese Männer seien vor allem unter den gebildeten urbanen Mittelschichten anzutreffen. Es gibt aber auch eine konservative Gegenbewegung: Dialmy sieht eine breite Strömung von verarmten und arbeitslosen Männern, die aufgrund der ökonomischen Situation ihren Status verlieren. Sie seien nicht mehr in der Lage, an ihren üblichen Privilegien festzuhalten. Gerade deshalb klammern sie sich hartnäckig an konservative, islamisch-patriarchale Vorstellungen von männlicher Macht.

Der Kampf um Gleichberechtigung von Frauen sei ohne Männer nicht zu gewinnen, meint Soufiane Hennani. Männer wüchsen mit der Vorstellung auf, sie seien überlegen und müssten im Zweifel Härte zeigen. Dabei hätte auch Männlichkeit viele Gesichter.

Auch Männer würden unter den patriarchalen Strukturen leiden, weil sie in ein enges Korsett gesteckt werden, das einseitig und belastend ist. Arabische Männer sollten immer stark sein, dürften keine Gefühle oder gar Schwäche zeigen und erst recht keine Angst. Zusammen mit den Anforderungen, die Familie zu ernähren, setzt sie das enorm unter Druck, das bestätigt auch die *Masculinities*-Studie.

Sie bräuchten neue Rollenbilder jenseits einer breitbeinigen, toxischen Männlichkeit. Daher hat Hennani mit anderen 2020 die Kampagne mit dem Titel »Machi Rojola« (marokkanischer Dialekt für »Das ist es nicht, was Männlichkeit bedeutet«) initiiert.[27] Auch Männer leiden unter der Situation, sagt Hicham Houdaifa, einer der führenden Investigativ-Journalisten Marokkos. »Es geht nicht nur um Gewalt gegen die anderen, sondern auch um Gewalt gegen sich selbst. Wir befinden uns in einer Krise der Männlichkeit und müssen die Bandbreite dessen, was als männlich gilt, weiten.«[28] Wissenschaftler wie Dialmy und Aktivisten gehören zu einer Vorhut, die Bilder von Männlichkeit überdenken. Obwohl sie noch eine Minderheit darstellen, zeigen sie, dass auch beim Thema Männlichkeiten traditionelle Bilder ins Wanken geraten. Geradlinig ist diese Bewegung nicht, es gibt vor und zurück, konservative und fortschrittliche Einstellungen stehen nebeneinander. Eine Region ist auf der Suche nach neuen Geschlechterrollen.

Welche Zukunft für den arabischen Feminismus?

Über hundert Jahre kämpfen arabische Frauen nun schon für ihre Rechte. In dieser Zeit haben die Frauenbewegungen einen erheblichen Wandel durchlebt. Anfang des 20. Jahrhunderts formulierten sie ihre ersten Forderungen nach rechtlicher Gleichstellung und trugen den Kampf um nationale Unabhängigkeit mit. Damals waren die Gesellschaften noch kosmopolitisch und jüdische wie christliche arabische Frauen Teil der Bewegung. Der Aufbruch in den 1920er- und 1930er-Jahren wurde abgelöst von den teils sozialistisch orientierten neuen Nationalstaaten, die Bildung und Zugang zum Arbeitsmarkt für Frauen ermöglichten.

Ihr »Staatsfeminismus« jedoch änderte nur wenig an konservativen Rollenmodellen in der Familie und hinterließ Frauen als Bürgerinnen zweiter Klasse. Gleichzeitig verhinderte er offene Debatten, schränkte das Engagement von feministischen Aktivistinnen ein und vertiefte die Spaltung zwischen säkularen und religiös orientierten Feministinnen. Nach dem verlorenen Sechs-Tage-Krieg von 1967 erlebte die Region ein konservatives Rollback, vor allem befeuert von den Golfstaaten und Saudi-Arabien. Mit den Petro-Dollars trugen diese ihre rückständige Interpretation des Islams in die ganze Region. Mit den Arabellionen in den Jahren nach 2011 öffneten sich die ursprünglich vorwiegend von Frauen aus der Oberschicht getragenen Frauenbewegungen für neue Akteurinnen aus anderen urbanen Milieus und für Frauen auf dem Land. Neue Themen wie sexuelle Selbstbestimmung, Schutz vor Gewalt und die Aufteilung der Familienarbeit kamen in der Öffentlichkeit auf.

Die neuen digitalen Möglichkeiten wie Social Media ermöglichen eine Vernetzung über Landesgrenzen hinaus.

Arabischer Feminismus ist sehr vielfältig je nach dem Kontext seiner jeweiligen Gesellschaften, die sich auch im arabischen Raum deutlich unterscheiden. Zwischen Saudi-Arabien auf der einen und Tunesien auf der anderen Seite liegen Welten, was Frauenrechte betrifft. Während Tunesien, bis heute der progressivste Vorreiter in der Region, auf eine lange Reihe engagierter Frauenrechtlerinnen aus einem pluralen Spektrum blickt, kann man bis heute von einer organisierten Frauenbewegung mit formalen Strukturen in Saudi-Arabien nicht sprechen. Während der kleinste Staat Nordafrikas die rechtliche Gleichstellung fast erreicht hat, gilt in Saudi-Arabien in großen Teilen islamisches Recht in einer besonders konservativen Ausprägung.

Doch sogar Saudi-Arabien bewegt sich. In den letzten Jahren sind Einschnitte passiert, die die Gesellschaft massiv umkrempeln und die Möglichkeiten von Frauen erweitern. In seiner »Vision 2030« hat der saudische Kronprinz Mohammed bin Salman, der De-facto-Herrscher, 2016 skizziert, wie er das Land in das postfossile Zeitalter führen will. Die Stärkung von Frauen gehört zu den Topprioritäten der »Vision 2030«.[1] Gemeint ist damit vor allem die wirtschaftliche Förderung. Frauen werden als Arbeitskräfte gebraucht, dazu wurden auch frauenfeindliche Gesetze abgeschafft. 2017 fiel das Autofahrverbot. Seit 2019 brauchen Frauen keine männliche Zustimmung mehr, wenn sie einen Pass beantragen und ins Ausland reisen wollen. Sie dürfen ohne die Zustimmung des Ehemannes, Vaters oder Bruders einen Job annehmen und alle Arbeitsbereiche wurden ausdrücklich für Frauen geöffnet. Vorher hatte es für sie noch Beschränkungen gegeben. Die wahhabitischen Islamgelehrten übrigens, die mit ihren rigorosen Vorstellungen bisher eng mit dem Königshaus verbunden waren und dessen Politik mitbestimmten, wurden kaltgestellt. Sie stehen autoritärer Modernisierung von oben im Weg. Nach den Vorgaben der »Vision 2030« soll der Anteil berufstätiger Frauen bis zum Ende des Jahrzehnts auf mehr als

30 Prozent ansteigen. Tatsächlich wurde dieses Ziel bereits 2024 erreicht. Zwischen 2017 und 2024 gab es ein kleines Jobwunder im Land: Lag die Zahl der Frauen, die entweder einen Job hatten oder auf Arbeitssuche waren, im Jahr 2017 bei nur wenig mehr als 17 Prozent, so hat sich diese Zahl bis 2024 auf mehr als 35 Prozent verdoppelt.[2] Kleidervorschriften und Geschlechtertrennung in der Öffentlichkeit wurden 2017 weitgehend abgeschafft.

Gesellschaftlich passiert hier gerade eine kleine Revolution. Frauen, die unpolitisch sind, können von den neuen Entwicklungen profitieren und sind in ihrem alltäglichen Leben nicht mehr so fremdbestimmt wie noch vor 2018. Künstlerinnen und Geschäftsfrauen werden gefördert. Mit Demokratie und Bürgerrechten hat das aber alles nichts zu tun. Politisch ist das Land eher noch repressiver geworden. Das System der männlichen Vormundschaft wurde zwar aufgeweicht, aber nicht grundsätzlich angetastet. Gehorsam gegenüber dem Ehemann und die Zustimmung des Vaters zur Eheschließung, eingeschränkte Möglichkeiten der Scheidung für Frauen, während Männer diese jederzeit aussprechen können, bleiben weiter bestehen.

Aktivistinnen bekommen die Grenzen des Sagbaren schnell zu spüren. Im Mai 2024 wurde wieder eine Frauenrechtlerin zu einer langen Haftstrafe verurteilt. Die Aktivistin Manahil al-Utaibi musste für elf Jahre ins Gefängnis, weil sie öffentlich eine Abschaffung des Systems der männlichen Vormundschaft gefordert hatte. Wie die Entwicklung in Saudi-Arabien weitergehen wird, ist offen. Auf lange Sicht wird es schwierig werden, Frauen ökonomische Freiheiten zu gewähren und ihnen gleichzeitig in der Familie nach wie vor den untergeordneten Status zuzuweisen. Zumal in dem reichen Öl-Staat die wirtschaftlichen Möglichkeiten ungleich besser sind als in den krisengeschüttelten alten Kernländern der Region wie Ägypten oder dem Libanon. Denn wie wir gesehen haben, verändert der Faktor, eigenes Geld zu verdienen, die Stellung von Frauen in der Familie erheblich.

Ob die saudische Gesellschaft einmal eine offene Diskussion über Frauen- und Menschenrechte führen können wird? Das weiß niemand, doch in absehbarer Zeit sieht es nicht danach aus. Frauenrechte lassen sich aber nur im Rahmen von Bürgerrechten für alle Menschen durchsetzen. Denn die Kontrolle von Frauen durch Männer spiegelt die Kontrolle und die Repression des Staates über alle Bürgerinnen und Bürger wider. Nötig wäre eine offene, kontroverse Debatte in der Gesellschaft. Diese ist derzeit eher in den Ländern möglich, die keinen »Staatsfeminismus« hatten, etwa die beiden Monarchien Jordanien und Marokko.

Besonders interessant ist das Beispiel Marokko. Politisch sind die Spielräume auch in Marokko in den letzten Jahren eher enger geworden. Doch gesellschaftlich gehört Marokko zu den wenigen Ländern in der Region, in denen über Frauenrechte relativ offen diskutiert wird. Hier mag auch die geografische und kulturelle Nähe zu Europa und zu Tunesien eine Rolle spielen. Marokko will sein Familienrecht erneut modernisieren und hat damit eine breite gesellschaftliche Debatte ausgelöst. Der König hatte diesen Schritt im September 2023 in einem Brief an Ministerpräsident Akhannouch angemahnt. 20 Jahre nach der letzten Reform sei es an der Zeit, die *Moudawana* an die veränderten sozialen Rahmenbedingungen im Land anzupassen, schrieb Mohammed VI. Ein Entwurf hierfür solle in einer Frist von sechs Monaten vorgelegt werden. Für die Reform wurde ein partizipativer Prozess gestartet, eine für die Region einmalige Aktion, wenn auch mit Grenzen. Die Grenzen hatte der Monarch, der auch der »Anführer der Gläubigen« ist, in seinem Schreiben ebenfalls vorgegeben: »Ich darf weder erlauben, was Gott verboten hat, noch verbieten, was der Höchste autorisiert hat.«[3] Frauenrechtlerinnen sahen die Chance für einen grundlegenden Neuanfang und stritten für ein konsequentes Verbot von Kinderehen und Polygamie, die bei der Reform zuvor zwar eingeschränkt, nicht jedoch vollständig verbannt worden waren. Das ungerechte, Frauen benachteiligende Erbrecht wurde erstmals offen und breit diskutiert. Es wurden Vorschläge für eine Neuregelung erarbeitet, die islamischem Verständnis nicht zuwiderlaufen und trotzdem egalitär sind. Eine Kommission wurde eingerichtet, die neben Frauenrechtlerinnen auch Organe wie den Menschenrechtsrat, den Obersten Gelehrtenrat, politische Parteien, Gewerkschaften und Experten zu Anhörungen einlud. Bürgerinnen und Bürger konnten ihre Einschätzungen per E-Mail einreichen. Ende März 2024 wurde der Entwurf für die Reform nichtöffentlich dem König überreicht. Er soll ihn absegnen und dann dem Parlament zur Abstimmung weiterleiten. Skeptiker wie der Soziologe und Männlichkeitsforscher Abdessamad Dialmy befürchten, dass die Hoffnungen der Frauenrechtlerinnen enttäuscht werden. Doch unabhängig vom Resultat der Reform zeigen allein die Debatten in Marokko, wie sehr sich die Geschlechterrollen in einem fundamentalen Wandel befinden. Überkommene Normen wie etwa die Tatsache, dass Frauen nur die Hälfte dessen erben dürfen, was einem männlichen Erbe zusteht, sind nicht mehr sakrosankt. Sie werden offen hinterfragt und die Gesellschaften ringen darum, wie sie eine Anpassung an das moderne Leben mit ihrem kulturellen und religiösen Selbstverständnis vereinbaren können. Das ist keine geradlinige Entwicklung, fundamentalistische Kräfte versuchen diese Anpassung zu verhindern. Aber sie geht weiter, obwohl die Rahmenbedingungen für den arabischen Feminismus schwierig bleiben. Nach dem Scheitern der arabischen Aufstände ab 2011 sitzen die Autokraten wieder fest im Sattel, sogar in Tunesien, das lange als Musterbeispiel für einen demokratischen Aufbruch galt. Die Autokraten haben keine Rezepte für die Zukunft und Probleme wie Arbeitslosigkeit, digitaler Wandel, Bevölkerungswachstum, der ungelöste Nahost-Konflikt und der Klimawandel setzen die Gesellschaften stark unter Stress. Politische Unsicherheit, ökonomische Krisen und Kriege treffen Frauen besonders hart und sie stärken all jene Kräfte, die sich dem Wandel verweigern wollen. In dieser Situation brauchen wir vor allem eins: eine neue Solidarität zwischen Frauen in Deutschland, in Europa, und arabischen Frauen, eine Solidarität auf Augenhöhe, die Verschiedenheit akzeptiert und auf gegenseitigem Respekt beruht. Denn wir wollen alle selbstbestimmt und in Würde leben.

Danksagung

Dieses Buch konnte nur zustande kommen durch die großzügige Unterstützung und viele hilfreiche Hinweise vieler Menschen. Ganz besonders danken möchte ich Andrea Teupke, Kerstin Klingelhöffer, Loay Mudhoon, Ahmadd al-Mahgary und Moira Thiele für alle Anregungen und Hinweise. Ich danke auch meiner Lektorin Dr. Claudia Sabic für alle Anmerkungen, die das Buch nur besser gemacht haben. Ein ganz besonderer Dank geht auch an meine Familie, die besonders in der Endphase viel Geduld mit mir aufgebracht und mich stets unterstützt hat.

Anmerkungen

Einführung

1 World Economic Forum (Hrsg.), »Global Gender Gap Report 2023«, online unter www.weforum.org/publications/global-gender-gap-report-2023/, abgerufen am 25.02.2024

2 Arabische Namen werden in lateinischer Schrift unterschiedlich wiedergegeben. Ich habe mich bei der Schreibweise jeweils an gängigen Schreibweisen in den Medien und bei Wikipedia orientiert.

Die Anfänge: Hoda Shaarawi und der Aufbruch der Frauen

1 Badran, Margot, *Harem Years. The Memoirs of an Egyptian Feminist (1879–1924)*, New York 1987, S. 7–9

2 Badran, Margot, ebenda

3 Badran, Margot, *Feminists, Islam, and Nation. Gender and the Making of Modern Egypt*, Princeton 1995, S. 3–60

4 Badran, Margot, S. 4 f.

5 Pink, Johanna, *Geschichte Ägyptens*, München 2014, S. 142–151

6 Pink, Johanna, S. 177–186

7 Badran, Margot, »Between Secular and Islamic Feminism/s: Reflections on the Middle East and Beyond«, *Journal of Middle East Women's Studies* Vol. 1, No. 1 2005, S. 8

8 Ahmed, Leila, *Women and Gender in Islam. Historical Roots of a Modern Debate*, New Haven und London 1992, S. 137–138

9 MacCormack, Raphael, *Midnight in Cairo. The Divas of Egypt's Roaring '20s*, New York 2021, S. 7 f.

10 Ahmed, Leila, S. 137–148

11 Behiery, Valerie, »A Short History of the Muslim Veil«, in: *Implicit Religion* 16 (4), 2014, S. 421 f.

12 Sorbera, Lucia, »Early Reflections of an Historian on Feminism in Egypt in Time of Revolution«, in: Genesis XII/1, 2013, S. 21

13 Ahmed, Leila, S. 162

14 Ramdani, Nabila, »Women in the 1919 Egyptian Revolution: From Feminist Awakening to Nationalist Political Activism«, in: *Journal of International Women's Studies* Vol. 14, No. 2, 2013, S. 39–52

15 Herzbrun-Dayan, Sonia, »Huda Shaarawi, la premiere féministe egyptienne«, in: *Le Monde Afrique*, 17.10.2018, online unter www.youtube.com/watch?v=j56 LpUmnfto&t=218s, abgerufen am 16.02.2024
16 Al Hassan Golley, Nawar; Homsi Vinson, Pauline, »Challenges and Opportunities: The Womens Movement in Syria«, in: Al-Hassan Golley, Nawar; Arenfeld, Pernille (Hrsg.), *Mapping Arab Womens Movements: A Century of Transformations from Within*, American University in Cairo 2012, S. 65–92
17 McCormack, Raphael, S. 192–194
18 Herzbrun-Dayan, Sonia, ebenda

Staatsfeminismus: Frauenrechte von oben

1 »Les combats de Bechira Mrad«, Baya, o. Datum, online unter www.baya.tn/rubriques/society/societe/les-combats-de-bchira-ben-mrad/, abgerufen am 22.02.2024
2 Charrad, Mounira M., »Tunisia at the Forefront of the Arab World: Two Waves of Gender Legislation«, in: *Washington Law Review* Volume 64, 4, 2007, S. 1518 ff.
3 Charrad, Mounira M., S. 1254
4 Khiari-Loch, Ina, »Der Staatliche Frauendiskurs in Tunesien in der Ära Ben Ali, Wandel und Kontinuitäten am Beispiel der Zeitschrift InfoCredif«, in: Hobuß, Steffi; Khiari-Loch, Ina; Maataoui, Moez (Hrsg.), *Tunesische Transformationen*, Bielefeld 2017, S. 122
5 Charrad, Mounira, »Tunisia at the Forefront of the Arab World. Two Waves of Gender Legislation«, in: *Washington and Lee Law Review* 1513 2007, S. 1520
6 Charrad, Mounira, Ebenda
7 Charrad, Mounira, S. 1518 f.
8 Tzoreff, Mira, »The Hybrid Women of the Arab Spring Revolutions. Islamization of Feminism, Feminization of Islam«, in: *Journal of Levantine Studies* Vol. 4, Nr. 2 2014, S. 81
9 El-Ali, Nadje, »Iraqi Women's Agency«, in: Charrad, Mounira, Stephan, Rita, *Women Rising. In and Beyond the Arab Spring*, New York 2020, S. 98–106
10 El-Ali, Nadie, ebenda
11 »Elisabeth Schwarzkopf, eine streitbare Politikerin«, Bundesarchiv, www.bundesarchiv.de/DE/Content/Virtuelle-Ausstellungen/Elisabeth-Schwarzhaupt-Eine-Streitbare-Politikerin/elisabeth-schwarzhaupt-eine-streitbare-politikerin.html, abgerufen am 15.02.2024
12 Pink, Johanna, S. 206–208
13 Dayan-Herzbrun, Sonia, ebenda
14 Nelson, Cynthia; Shafik, Doria, *Egyptian Feminist: A Woman Apart*, Kairo 1996
15 Nelson, Cynthia, S. 193 ff.
16 Nelson, Cynthia, S. 238
17 Nelson, Cynthia S. 275ff
18 El-Gawhary, Karim, »Zum Tod der ägyptischen Frauenrechtlerin Nawal El-Saadawi. Streitbare Ikone der arabischen Frauenbewegungen«, Qantara.de, 23.03.2021, online unter www.qantara.de/artikel/zum-tod-der-ägyptischen-frauenrechtlerin-nawal-el-saadawi-streitbare-ikone-der-arabischen, abgerufen am 16.02.2024

19 Nawal el Saadawi on Feminism, »Fiction and the Illusion of Democracy«, Channel 4 News, online unter www.youtube.com/watch?v=djMfFU7DIB8, abgerufen am 16.02.2024
20 Daibes, Farah, »Smashing the Patriarchy & Co.: How Arab Feminists are Re-politizising their Movement«, Friederich-Ebert-Stiftung Beirut 05.07.2021, online unter https://mena.fes.de/press/e/smashing-the-patriarchy-co-how-arab-feminists-are-re-politicizing-their-movement, abgerufen am 25.02.2024
21 Jünemann, Annette, »Zum Wandel arabischer Geschlechterdiskurse in Zeiten von Transformation, Restauration und Bürgerkrieg«, in: Demmelhuber, Thomas; Paul, Axel T.; Reinkowski, Maurus (Hrsg.), *Arabellion. Vom Aufbruch zum Zerfall einer Region?*, S. 312
22 Kingdom of Saudi-Arabia, Vision 2030, online unter www.vision2030.gov.sa/en/, ab gerufen am 14.04.2024
23 El-Gawhary, Karim, »Aufhebung des Fahrverbots für Frauen in Saudi-Arabien. Yes, we can!«, www.Qantara.de, 29.09.2017, online unter www.qantara.de/artikel/aufhebung-des-fahrverbots-für-frauen-saudi-arabien-yes-we-can, abgerufen am 17.02.2024
24 Knipp, Kerstin, »Saudi-Arabien. Wer seine Meinung sagt, lebt gefährlich«, Qantara.de, 03.03.2022, online unter www.qantara.de/artikel/saudi-arabien-wer-seine-meinung-sagt-lebt-gefährlich, abgerufen am 15.02.2024
25 Halliday, Fred, »1967 and the Consequences of Catastrophe«, *Middle East Report* 146 Mai/Juni 1987, online unter https://merip.org/1987/05/1967-and-the-consequences-of-catastrophe/, abgerufen am 14.02.2024

Die Arabellion von 2011 – eine neue Etappe

1 El-Baghdadi, Iyad, »Meet Asmaa Mahfouz and the Vlog that is sparking the revolution«, 02.02.2011, online unter www.youtube.com/watch?v=SgjIgMdsEuk, abgerufen am 15.02.2024
2 Democracy Now, »From Tahrir to Wall Street: Egyptian Activist Asmaa Mahfouz speaks at Occupy Wall Street«, 25.10.2011, online unter www.youtube.com/watch?v=kbXE3ZaZwXk, abgerufen am 15.03.2024
3 Naib, Fatma, »Women of the Revolution«, Aljazeera, 19.2.2011, online unter www.aljazeera.com/ features/2011/2/19/women-of-the-revolution, abgerufen am 15.02.2024
4 Democracy Now, ebdendawww.youtube.com/watch?v=kbXE3ZaZwXk, abgerufen am 15.03.2024
5 Democracy Now, ebenda
6 Mestiri, Soumaya, »Die Revolution im Lichte des dekolonialen Feminismus. Das Beispiel Tunesien«, in: Hobuß, Steffi; Khiari-Loch, Ina; Maataoui, Moez (Hrsg.), *Tunesische Transformationen*, Bielefeld 2019, S. 50
7 Shalaby, Marwa; Marnicio, Ariana, »Women's Political Participation in Bahrain«, in: Charrad, Mounira; Stephan, Rita, S. 321–329
8 Ali Kandar, Aminah, »Refusing the Backseat: Women as Drivers of the Yemeni Uprisings«, in: *Women Rising. In and Beyond the Arab Spring*, New York 2020, S. 68–82
9 Tzoreff, Myra S. 78–80

10 Allam, Nermin, *Women and the Egyptian Revolution, Engagement and Activism during the 2011 Arab Uprisings*, Cambridge 2017, S. 1

11 Ghannoushi, Soumaya, »Rebellion. Smashing Stereotypes of Arab Women«, Al Jazeera, 25.04.2011, online unter www.aljazeera.com/opinions/2011/4/25/rebellion-smashing-stereotypes-of-arab-women/, abgerufen am 15.02.2024

12 »Ägypten. Ein ›Jahrzehnt der Schande‹ nach dem Massaker von Rabaa«, Amnesty International, 14.08.2023, online unter www.amnesty.de/informieren/aktuell/aegypten-straflosigkeit-massaker-rabaa-zehn-jahre, abgerufen am 22.02.2024

13 Mathloufi, Lotfi, »Komplementarität oder Geschlechtergleichheit. Über die Debatte zur neuen tunesischen Verfassung«, in: *Tunesische Transformationen*, S. 61–68

14 Werenfels, Isabelle, »Tunesien. Von der Vorzeigedemokratie zum Problemfall?«, Stiftung Wissenschaft und Politik Podcast 2023/P10, 25.05.2023, online unter https://swp-berlin.org/publikation/tunesien-von-der-vorzeigedemokratie-zum-problemfall, abgerufen am 23.02.2024

15 »Arabische Länder beschließen Syriens Rückkehr in die Arabische Liga«, Qantara.de, 08.05.2023, online unter https://qantara.de/meldung/arabische-länder-beschließen-syriens-rückkehr-arabische-liga, abgerufen am 23.02.2024

16 El-Gawhary, Karim, »Konflikt zwischen Militär und RSF-Milizen im Sudan. Machtkampf der Generäle«, Qantara.de, 18.04.2023, online unter https://qantara.de/artikel/konflikt-zwischen-militär-und-rsf-milizen-im-sudan-machtkampf-der-generäle, abgerufen am 23.02.2024

Knackpunkt Familienrecht – Bastion des Patriarchats

1 www.amalnonprofit.org, abgerufen am 25.02.2024

2 Böttcher, Leonie, »Die Gleichberechtigung der Frau in Marokko – Stagnation oder Fortschritt?«, Konrad-Adenauer-Stiftung 2018, S. 3

3 Böttcher, Leonie, ebenda

4 Böttcher, Leonie, S. 1 ff.

5 Chraibi, Soundouss, »Interdiction du marriage des mineurs: un consensus, vraiment?«, *TelQuel*, 23.02.2024, online unter https://telquel.ma/2024/02/23/interdiction-du-mariage-des-mineurs-un-consensus-vraiment_1858279, abgerufen am 23.02.2024

6 Royaume du Maroc, »Constitution de 2011«, Digithèque MJP (univ-perp.fr), online unter https://mjp.univ-perp.fr/constit/ma2011.htm, abgerufen am 17.02.2024

7 »Réforme de la Moudawana: Akhnnouch tient une premiere réunion suite à la lettre royale«, *TelQuel*, 27.09.2023, online unter https://telquel.ma/instant-t/2023/09/27/reforme-de-la-moudawana-akhannouch-tient-une-premiere-reunion-suite-a-la-lettre-royale_1833424/?utm_source=brevo&utm_campaign=NL Brief 270923&utm_medium=email, abgerufen am 23.03.3034

8 Friedrich-Ebert-Stiftung (Hrsg.), »Family Law in the MENA-Region«, Beirut 2019, S. 3

9 Friedrich-Ebert-Stiftung (Hrsg.), ebenda, S. 3 f.

10 Friedrich-Ebert-Stiftung (Hrsg.), ebenda

11 Taht wasayah, Arabisches Video, online unter www.youtube.com/watch?v=Se_XrMZK8wU, abgerufen am 23.03.2024

12 Von Bargen, Henning, »Von Welle zu Welle. Schlaglichter auf die Geschichte des Feminismus«, online unter www.boell.de/de/2018/07/03/von-welle-zu-welle, abgerufen am 24.02.2024
13 All Arab News, »Growing divorce rate in Arab world reflects shifting societal norms«, 13.9.2022, https://allarb.news/growing-divorce-rate-in-arab-world-reflects-shifting-societal-norms/#:~:text=According%20to%20the%20Egyptian%20Cabinet's,37.2%25%20of%20all%20marriages%20dissolve, abgerufen am 15.02.2024
14 Mohnblatt, Debbie, »Divorce rates in the Arab world are increasing. Here is why«, *Jerusalem Post*, 29.07.2022, www.jpost.com/middle-east/article-713413, abgerufen am 28.02.2024
15 Mohnblatt, Debbie, ebenda
16 Engelcke, Dörthe, »Between Church and State: The Challenges of Reforming the Church Courts and Family Law in the Greek Orthodox Patriarchate in Jerusalem«, in: *International Journal of Middle East Studies*, 2022, 54, S. 282–301
17 Ibrahim, Ishak, »Personal Status of Copts: Crisis made by State and Church«, The Tahrir Institute for Middle East Policy, Kairo, 12.02.2020, online unter https://timep.org/2020/02/12/personal-status-of-copts-crisis-made-by-state-and-church/, abgerufen am 24.02.2024
18 »First in Muslim World. Tunisian President seeks equal inheritance for muslim women«, Al-Arabiya, 13.08.2017, online unter https://english.alarabiya.net/en/News/north-africa/2017/08/13/Unprecedented-in-Mulsim-world-Tunisian-president-seeks-equal-inheritance-for-women.html, abgerufen am 24.02.2024
19 Lussato, Céline, »Héritage, homosexualité: Tensions en Tunisie face aux projets de réforme«, *NouvelObs*, 27.06.2018, online unter www.nouvelobs.com/monde/afrique/20180627.OBS8847/heritage-homosexualite-tensions-en-tunisie-face-aux-projets-de-reforme.html, abgerufen am 23.03.2024
20 Egyptian Women fights islamic inheritance laws, Al Jazeera, 15.11.2019, online unter www.aljazeera.com/economy/2019/11/15/egyptian-woman-fights-islamic-inheritance-laws, abgerufen am 23.02.2024
21 Al Tawy, Ayat, »Egyptian woman wins case against Islamic inheritance laws«, Al Ahram, 26.11.2019, online unter https://english.ahram.org.eg/NewsContent/1/64/356612/Egypt/Politics-/Egyptian-woman-wins-case-against-Islamic-inheritan.aspx, abgerufen am 23.02.2024

Sexuelle Selbstbestimmung

1 Khateera, 21.06.2023, online unter www.youtube.com/watch?v=9VYv1Y8_VyE, abgerufen am 18.02.2024
2 Hodali, Diana, »The ›dangerous‹ feminists behind a Lebanese outlet«, Deutsche Welle, 29.07.2023, online unter www.dw.com/en/feminism-in-arabic-the-dangerous-women-behind-a-lebanese-media-outlet/a-66376626?utm_source=substack&utm_medium=email, abgerufen am 23.02.2024
3 El Feki, Shereen, *Sex und die Zitadelle. Liebesleben in der sich wandelnden arabischen Welt*, München 2013, S. 31–47
4 Sobh, Alawiyya, *Marjams Geschichten*, Berlin 2010

5 Naggar, Mona, »Erzählen, um zu überleben. Interview mit Alawiyya Sobh«, Qantara.de, 21.05.2010, online unter https://artikel/interview-mit-alawiyya-sobh-erzählen-um-zu-überleben, abgerufen am 17.04.2024

6 »Féministes; Voix et Voie-s«, Episode 11, Sophie Bessis, 10.09.2020, online unter www.youtube.com/watch?v=bHLqSevMn_M, abgerufen am 25.02.2024

7 El-Tahawy, Mona, »My body belongs to me«, TEDx Talks, 27.01.2016, online unter www.youtube.com/watch?v=PZmb3ofsF54, abgerufen am 23.02.2024

8 Aliyaa Gad auf Youtube, online unter www.youtube.com//@AlyaaGad, abgerufen am 18.02.2024

9 Oussedik, Fatma, *»Avoir un ami puissant ...« Enquête sur les familles urbaines Alger-Oran-Annaba*, Algier 2022

10 Sabra, Martina, »Ehetraditionen. Erst Heirat dann Liebe?«, Entwicklung und Zusammenarbeit, 06.10.2016, online unter www.dandc.eu/de/article/der-arabischen-welt-gibt-es-einen-rueckgang-arrangierter-ehen, abgerufen am 26.02.2024

11 Feichtinger, Christian, »Habe die Ehre. Was ist Ehre und warum ist sie so immer noch so wichtig?«, *Der Standard*, 10.07.2019, online unter www.derstandard.at/story/2000105805137/habe-die-ehre-was-ist-ehre-und-warum-ist-sie, abgerufen am 22.02.2024

12 www.marwarakha.com, abgerufen am 23.02.2024

13 Amin, Shahira, »›Hymen reconstruction fatwa‹ stirs controversy in Egypt«, Al Monitor, 06.09.2023, online unter www.al-monitor.com/originals/2021/09/hymen-reconstruction-fatwa-stirs-controversy-egypt, abgerufen am 22.02.2024

14 Zouiten, Sara, »Maroccan Association Declares Day of Mourning for Minor Dead After Abortion«, Morocco World News, 20.09.2022, online unter www.moroccoworldnews.com/2022/09/351440/moroccan-association-declares-day-of-mourning-for-minor-dead-after-abortion, abgerufen am 23.03.2024

15 Le Borgne, Virginie, »Illegal abortion in Lebanon: ›I couldn't comprehend how painful it was‹«, *Middle East Eye*, 24.01.2019, online unter www.middleeasteye.net/in-depth/features/illegal-abortion-in-lebanon-I-couldn't-comprehend-how-painful-it-was-1067232849, abgerufen am 22.02.2024

16 »En Tunisie l'avortment n'est legal qu'en théorie«, France 24, online unter www.youtube.com/watch?v=y4GOgi5lMNk, abgerufen am 23.02.2024

17 Bauer, Thomas, *Die Kultur der Ambiguität. Eine andere Geschichte des Islams*, Berlin 2011, S. 291–311

18 Alaoui, Hicham, »Emanzipation im Nahen Osten. Eine neue Generation von Feministinnen kämpft nicht nur für Frauenrechte, sondern auch für umfassende demokratische Reformen«, *Le Monde Diplomatique*, 13.07.2023, online unter https://monde-diplomatique.de/artikel/!5944252, abgerufen am 22.02.2024

19 Sadek, Johannes, »Sexualleben in Saudi-Arabien. Unter dem Schleier«, Qantara.de, 08.09.2022, online unter https://qantara.de/artikel/sexualleben-saudi-arabien-unter-dem-schleier, abgerufen am 22.02.2024

20 Hamdan, Hanan, »Lebanese band Mashrou' Leila quits after years of harassment over sexual orientation«, Al Monitor, 25.09.2022, online unter www.al-monitor.com/originals/2022/09/lebanese-band-mashrou-leila-quits-after-years-harassment-over-sexual-orientation, abgerufen am 12.06.2024

21 »Fatima Zahra Amzkar une plume courageuse qui répand son encre en couleurs de l'arc-en-ciel«, Machi Rojola 22.12.2023, online unter https://machirojola.ma/fatima-zahra-amzkar-une-plume-courageuse-qui-repand-son-encre-en-couleurs-de-larc-en-ciel/, abgerufen am 22.02.2024

22 »Lebanon: Attack on Freedom Targets LGBTI People, Repressive Legislation. Unlawful Crackdown«, Human Rights Watch, 05.09.2023, online unter www.hrw.org/news/2023/09/05/lebanon-attack-freedoms-targets-lgbti-people, abgerufen am 22.02.2024

23 Paragraf 175 StGB, Verbot von Homosexualität in Deutschland, Lesben- und Schwulenverband, o. Datum, online unter www.lsvd.de/de/ct/1022-Paragraph-175-StGB-Verbot-von-Homosexualitaet-in-Deutschland, abgerufen am 28.02.2024

24 Zitiert nach: Diab, Khaled, »Egypt: Hopes of Sexual Revolution Dim«, Institute for War and Peace Reporting, 12.07.2011, online unter https://iwpr.net/global-voices/egypt-hopes-sexual-revolution-dim, abgerufen am 22.02.2024

Gewalt gegen Frauen: »Ihr müsst uns besser schützen«

1 Husseini, Rana, *Years of Struggle. The Women's Movement in Jordan*, Amman 2022, S. 144–146

2 Nach konservativen Schätzungen von Unicef sind rund 200 Millionen Frauen in Afrika und im Nahen Osten von der Genitalverstümmelung betroffen, jedes Jahr kommen rund zwei Millionen Mädchen dazu. In Ägypten, in Dschibuti und im Sudan sind über 80 Prozent der Frauen im Alter von 15 bis 49 Jahren betroffen, obwohl in Ägypten und Dschibuti die weibliche Genitalverstümmelung verboten ist. Die Verbote werden jedoch nicht durchgesetzt. Es gibt viele Ursachen für diese Praxis, die in unterschiedlichen Ethnien sowie unter Christen, Muslimen und Juden (vor allem unter den aus Äthiopien stammenden und heute in Israel lebenden Falascha) vorkommt. Es kann sich um einen Rite de Passage handeln oder die Kontrolle weiblicher Sexualität steht im Vordergrund. Nachdem die Ägypterin Nawal el Saadawi als Erste das Thema öffentlich angeprangert hat, sind in Ägypten einige kleinere NGOs entstanden, die dagegen vorgehen, auch im Sudan haben lokale Frauengruppen das Thema aufgenommen. Doch insgesamt ist die Genitalverstümmelung eher ein Thema internationaler Organisationen wie Unicef geblieben, für die meisten arabischen Frauenrechtsorganisationen haben Themen wie Bildungschancen, rechtliche Gleichstellung und Armutsbekämpfung mehr Gewicht.

3 Bundeskriminalamt (Hrsg.), »Bundeslagebilder Häusliche Gewalt 2022«, 11.07.2023, online unter www.bka.de//DE/AktuelleInformationen/Statistiken Lagebilder/Lagebilder/HaeuslicheGewalt/haeuslicheGewalt_node.html, abgerufen am 24.02.2024

4 Annan, Kofi, »Violence against women, UN Women. Gender Equality, Development and Peace for the 21st Century«, New York, 05.06.2000, online unter www.un.org/womenwatch/daw/followup/session/presskit/fs4.htm, abgerufen am 16.02.2024

5 Cuthbert, Olivia, »Calls for action as ›honor killings‹ in Jordan show sharp increase«, *The Guardian*, 09.12.2016, online unter www.theguardian.com/global-development/2016/dec/09/calls-for-action-as-honour-killings-in-jordan-show-sharp-increase-16-day-campaign-gender-violence, abgerufen am 16.02.2024

6 Christou, William, »Killing of Women and children by family members increase by 94% in Jordan for 2022«, online unter www.newarab.com/news/familial-homicide-jordan-94-2022-report, abgerufen am 26.02.2024

7 Maayeh, Suha, »Jordan says Honor killing is against Islam«, *The National*, 03.12.2016, online unter https://www.thenationalnews.com/world/jordan-says-honour-killing-is-against-islam-1.203182, abgerufen am 16.02.2024

8 Begum, Rothna, »How to end ›honor‹ killings in Jordan«, Human Rights Watch, 03.04.2017, online unter https://www.hrw.org/news/2017/04/03/how-end-honor-killings-jordan, abgerufen am 22.02.2024

9 Snégaroff, Thomas, »›Crime passionel‹: Cachez ce crime que je ne saurais voir«, franceinfo, online unter www.francetvinfo.fr /replay-radio/histoires-d-info/crime-passionnel-cachez-ce-crime-que-je-ne-saurais-voir_3250015.html, abgerufen am 26.02.2024

10 Husseini, Rana, S. 122

11 Deckert, Roman, »Machtkampf der Militärs im Sudan. Angeheizt vom Klimawandel und den Emiraten«, Qantara.de, 19.12.2023, https://qantara.de/de/artikel/machtkampf-der-militärs-im-sudan-angeheizt-vom-klimawandel-und-den-emiraten, abgerufen am 16.02.2024

12 Fathi, Yasmine, »The circle of hell: Inside Tahrirs mob sexual assault epidemic«, *Al Ahram*, 21.02.2013, online unter https://english.ahram.org.eg/NewsContent/1/151/65115/Egypt/Features/The-circle-of-hell-Inside-Tahrirs-mob-sexual-assau.aspx, abgerufen am 21.02.2024

13 »Gender Based Violence«, UNFPA Egypt, o. Datum, online unter https://egypt.unfpa.org/en/node/22540#:~:text=Also%2C%20the%20research%20«Study%20on,sexual%20harassment%20in%20their%20lifetime, abgerufen am 22.02.2024

14 Abdel Hamid, Dalia, »On Sexual Violence. Testimonies from Egypt«, *Mada Masr*, 06.03.2017, online unter www.madamasr.com/en/2017/03/06/feature/society/on-sexual-violence-feminist-testimonies-from-egypt, abgerufen am 16.02.2024

15 *Reuters*, »Egypt's Al-Azhar calls for harsh penalties for sexual harassment«, via euronews 09.12.2019, online unter www.euronews.com/2018/08/28/egypts-al-azhar-calls-for-harsh-penalties-for-sexual-harassment, abgerufen am 21.02.2024

16 »Regional Action Plan on Gender-Based Violence in the Middle East and North Africa«, The World Bank 2021, S. 48 f.

17 Bell, Bethany, »Egypt's sexual harassment of women epidemic«, BBC, 03.12.2023, online unter www.bbc.com/news/world-middle-east-19440656, abgerufen am 22.02.2024

18 Kadiri, Ghalia, »Au Maroc, des hommes militent pour une ›masculinité positive‹«, *Le Monde*, 15.12.2020, www.lemonde.fr/afrique/article/2020/12/15/au-maroc-des-hommes-militent-pour-une-masculinite-positive_6063471_3212.html, abgerufen am 16.02.2024

19 UN Women (Hrsg.), *Understanding Masculinities.* Results from the International Men and Gender Equality Survey (Images) Middle East and North Africa, Egypt, Lebanon, Morocco, and Palestine 2017

20 *Understanding Masculinities*, S. 42, 92

21 Kadiri, Ghalia

22 Begum, Rothna, »L'Algérie doit redouble d'effort pour metre fin à la violence domestique«, Human Rights Watch, 23.05.2017, online unter www.hrw.org/fr/news/2017/05/23/lalgerie-doit-redoubler-defforts-pour-mettre-fin-la-violence-domestique, abgerufen am 28.02.2024

23 Al Atiyat, Ibtissam, *The current Faces of Arab Feminisms. Micro-Rebels, Art Activists and Virtual Heroine*, Beirut 2020, S. 3
24 Sbouai, Sana, »La loi contre les violences faites aux femmes en Tunisie: un processus lent«, *Middle East Eye*, 29.06.2025, online unter www.middleeasteye.net/fr/reportages/la-loi-contre-les-violences-faites-aux-femmes-en-tunisie-un-processus-lent-1424501485, abgerufen am 16.02.2024
25 Christou, William, ebenda

Feministischer Islam

1 Yazbeck Haddad, Yvonne, Esposito, John L., (Hrsg.), *Daughters of Abraham. Feminist Thought in Judaism, Christianity and Islam*, Gainesville 2001, S. 3–10
2 Seidensticker, Tilmann, *Islamismus. Geschichte, Vordenker, Organisationen*, München 2023, S. 9
3 »Israels Regierungskoalition nach Zusammenstößen am Tempelberg vor Zerreißprobe«, Qantara.de, 19.04.2022, online unter https://qantara.de/meldung/israels-regierungskoalition-nach-zusammenstößen-am-tempelberg-vor-zerreißprobe, abgerufen am 15.02.2024
4 Mende, Claudia, »Tunesien zehn Jahre nach dem arabischen Frühling. Die demokratische Dividende fehlt«, Qantara.de, 01.02.2021, online unter https://qantara.de/artikel/tunesien-zehn-jahre-nach-dem-arabischen-frühling-die-demokratische-dividende-fehlt, abgerufen am 21.02.2024
5 Mir-Hosseini, Ziba, »The Challenges of Islamic Feminism«, in: *Gender and Research*, Vol. 20, 2019, No. 2, S. 112
6 Pink, Johanna, *Geschichte Ägyptens*, München 2014, S. 198–201
7 Badran, Margot, *Feminists, Islam, and Nation*, S. 41
8 Tzoreff, Mira, »The Hybrid Women of the Arab Spring Revolutions: Islamization of Feminism, Feminization of Islam«, in: *Journal of Levantine Studies* Vol. 4, No. 2, Winter 2014, S. 87 f.
9 Picchi, Margherita, »A Woman Amongst the Sheikhs: The Qur'anic exegesis of Bint al-Shāti'«, Oasis Center, 13.01.2021, online unter www.oasiscenter.eu/en/woman-amongst-sheikhs-quranic-exegesis-bint-al-shati, abgerufen am 21.02.2024
10 Tabbara, Nayla, »Feminist Sufism und Sufi Feminism«, in: Abu Rumman, Mohammed Sulaiman (Hrsg.), *Sufism Today, Contemporary Interpretations of the Sufi community and its different patterns*, Amman 2020, S. 177–195
11 Mahboub, Samira, »Fatima Mernissi. Maroccan scholar and pioneer of islamic feminism«, *Soziopolis*, 27.10.2016, online unter www.sozioplos.org/fatima-mernissi.html, abgerufen am 15.02.2024
12 Salah, Hoda, »Diskurse des Islamischen Feminismus«, in: *Gender: Zeitschrift für Geschlecht, Kultur und Gesellschaft* Nr. 1/2010, S. 47–64
13 Steger, Ann-Kathrin, »›Islamic Feminism‹ in Lebanon: Portraying a counter-discourse«, Heinrich-Böll-Stiftung Beirut, S. 4
14 Salah, Hoda, S. 53
15 Hausbichler, Beate, »Differenz muss viel radikaler gedacht werden«, *Der Standard*, 17.2.2011, online unter www.derstandard.at/story/1297818177880/diestandardat-interview-differenz-muss-viel-radikaler-gedacht-werden, abgerufen am 20.02.2024

16 Gerhard, Ute, *Feminismus und Frauenbewegungen. Eine Geschichte seit 1789*, München 2020, S. 27
17 Schrupp, Antje, »Differenzfeminismus«, online unter www.antjeschrupp.de/differenz-geschichte, abgerufen am 23.02.2024
18 Junge, Werner, »Haselhoff, Elisabeth«, Gesellschaft für Schleswig-Holsteinische Geschichte, o. Datum, online unter https://geschichte-s-h.de /sh-von-a-bis-z/h/haseloff-elisabeth/#:~:text=Pfingsten%201959%2C%20am%2017.,Wilhelm%20Treplin%20nachträglich%20eine%20Ordinationsbestätigung, abgerufen am 23.02.2024
19 Klapheck, Elisa, »Rabbinerinnen in Deutschland nach 1945 bis heute«, Bundeszentrale für politische Bildung, 29.09.2023, online unter www.bpb.de/themen/deutschlandarchiv/541213/rabbinerinnen-in-deutschland-nach-1945-bis-heute/, abgerufen am 21.02.2024
20 Sabra, Martina, »Interview mit der Reformtheologin Amina Wadud. ›Der Koran kann von niemandem vereinnahmt werden.‹, Qantara.de, 04.11.2009, online unter https://qantara.de/artikel/interview-mit-der-reformtheologin-amina-wadud-der-koran-kann-von-niemandem-vereinnahmt-0, abgerufen am 21.02.2024

Der Westen und die Frauenrechte: Koloniale Lasten

1 »The 100 smartest people in the UAE«, *Arabianbusiness*, o. Datum, online unter www.arabianbusiness.com/lists/379411-100-smartest-people-in-the-uae-02dubai-abulhoul, abgerufen am 21.02.2024
2 Zakaria, Rafia, *Against White Feminism*, München 2022, S. 60
3 Mestiri, Soumaya, *Décolonisez le féminisme. Une approche transculturelle*, Paris 2019, S. 7
4 Mestiri, Soumaya, S. 8
5 Yegenoglu, Meyda, *Colonial Fantasies. Towards a Feminist Reading of Orientalism*, Ankara 1998, S. 95–120
6 Gerhard, Ute, S. 12–21
7 Gerhard, Ute, S. 53
8 Choudhary, Zara, »Subordinate Beeings. The orientalist Beginnings of Western Feminism«, *Sacred Footsteps*, 21.11.2021, online unter https://sacredfootsteps/2021/11/23/subordinate-beings-the-orientalist-beginnings-of-western-feminism/, abgerufen am 16.02.2024
9 Schraut, Sylvia, »Frauen und bürgerliche Frauenbewegung nach 1848«, *Aus Politik und Zeitgeschichte*, 15.02.2019, online unter www.bpb.de/shop/zeitschriften/apuz/285866/frauen-und-buergerliche-frauenbewegung-nach-1848/ abgerufen am 22.02.2024
10 Weber, Charlotte, »Unveiling Scheherazade: Feminist Orientalism in the International Alliance of Women, 1911–1951«, in: *Feminist Studies*, Spring, 2001, Vol. 27, No. 1, S. 135
11 Choudhary, Zara, ebenda
12 Ahmed, Leila, S. 137 f.
13 Weber, Charlotte, S. 145 f.
14 Ahmed, Leila S. 137–138
15 Lazreg, Marnia, *The Eloquence of Silence: Algerian Women in Question*, New York 1994, S. 135.

16 Nachtigall, Andrea, »Embeddded Feminism, Frauen(rechte) als Legitimation für militärische Intervention in den Medien – Variationen und Veränderungen einer Legitimationsfigur«, Gunda Werner Institut, 14.03.2011, online unter https://www.gwi-boell.de/de/navigation/struktur-3421.html#3, abgerufen am 22.02.2024

17 Rede von Laura Bush am 17.11. 2001, online unter https://georgewbush-whitehouse.archives.gov/news/releases/2001/11/20011117.html, abgerufen am 21.02.2024

18 Nachtigall, Andrea

19 Rheinheimer, Elisa, »Afghanistan. ›Bei uns gehen auch Mädchen weiter zur Schule‹«, Qantara.de, online unter https://qantara.de/artikel/afghanistan-bei-uns-gehen-auch-mädchen-weiter-zum-unterricht«%C2%A0, abgerufen am 16.05.2024

20 Feroz, Emran, »Die Mär von der Frauenbefreiung«, Heise, 23.08.2021, online unter www.heise.de/tp/features/Afghanistan-Die-Maer-von-der-Frauenbefreiung-6172066.html, abgerufen am 21.02.2024

21 El-Ali, Nadje, »Iraqi Women's Agency. From Political Authoritarianism to Sectarianism and Islamist Militancy«, in: Charrad, Mounira; Stephan, Rita (Hrsg.), *Women Rising. In and Beyond the Arab Spring*, New York 2020, S. 98–106

22 Al-Ali, Nadje et al. *What Kind of Liberation? Women and the Occupation of Iraq*, Berkeley, CA, 2009, S. 1–26

23 Bessis, Sophie, »Les droits des femmes dans le monde arabo-musulman, avancés, stagnation ou recul?«, Institut des Etudes avancés de Nantes, 10.03.2020, online unter www.youtube.com/watch?v=BtzgDfrsksM, abgerufen am 21.02.2024

24 Aldossari, Maryam, »Western feminisms silence on Gaza lays bare its moral bancruptsy«, *Middle East Eye*, 22.02.2024, online unter www.middleeasteye.net/opinion/war-gaza-imperial-feminism-abandons-palestinian-women-how, abgerufen am 23.02.2024

25 Saliba, Iliyas, »Die Ägyptenpolitik der Ampelregierung. Weder wertegeleitet noch feministisch«, Qantara.de, 16.01.2024, online unter https://qantara/de/artikel/ägyptenpolitik-der-ampelregierung-weder-wertegeleitet-noch-feministisch, abgerufen am 16.02.2024

26 Mestiri, S. 19

Veränderte Lebenswelten: Frauen auf dem Vormarsch – und was ist mit den Männern?

1 »Baghdad's first female mayor to take reins«, *The Times of Israel*, 21.02.2025, online unter www.timesofisrael.com/baghdads-first-female-mayor-to-take-reins/, abgerufen am 22.02.2024

2 Maurel, Vanessa, »Entretien avec Souad Abderrahim, premiere femme maire d'une capitale du Maghreb«, *Women Sports Africa*, 25.10.2022, online unter https://africa.womensports.fr/femmes-d-influence/entretien-avec-souad-abderrahim-premiere-femme-maire-dune-capitale-du-maghreb-52989.shtm, abgerufen am 18.02.2024

3 Hodali, Diana, »Election Facelift«, Deutsche Welle, 30.09.2011, online unter www.dw.com/en/tunisias-ennahda-party-seeks-modern-image/a-15426715?maca=en-rss-en-all-1573-rdf, abgerufen am 22.02.2024

4 Mimouna, Ahlem, »Souad Abderrahim: ›Les élites doivent revoir leurs visions des choses‹«, *Middle East Eye*, 15.05.2018, online unter www.middleeasteye.net/reportages/interview-souad-abderrahim-les-lites-doivent-revoir-leur-vision-des-choses-1467923191, abgerufen am 18.02.2024

5 Al-Sarras, Nader, »Die Scheicha, die Stadt und die Probleme«, Deutsche Welle, 13.01.2019, online unter www.dw.com/de/souad-abderrahim-ist-bürgermeisterin-von-tunis/a-47030771, abgerufen am 15.02.2024

6 *Middle East Eye*, ebenda

7 The World Bank Open Data, »Proportion of Seats held by women in national Parliaments (%), Middle East and North Africa«, online unter https://data.worldbank.org/indicator/SG.GEN.PARL.ZS?locations=ZQ, abgerufen am 15.02.2024

8 Arab Barometer, »Female Political Participation Inspires Confidence In Female Political Leadership in MENA«, online unter www.arabbarometer.org/2023/03/mena-citizens-change-their-views-on-gender-political-roles-as-they-age-2/, abgerufen am 15.02.2024

9 »Somalia ex-ministers quest tests rigid patriarchy«, *East African*, 16.07.2021, online unter www.theeastafrican.co.ke /tea/news/east-africa/somalia-ex-minister-presidential-quest-tests-rigid-patriarchy-3475098, abgerufen am 26.02.2024

10 Tannous, Pamela, »Evaluating Feminist Foreign Policies«, Fiker Institute, Juni 2023, online unter www.fikerinstitute.org /publications/evaluating-feminist-foreign-policy-models, abgerufen am 16.02.2024

11 »Libya's Foreign Minister Nadja El-Mangoush Dismissed«, Al-Jazeera, 28.08.2023, online unter www.youtube.com/watch?v=UvDbGWwEVfM, abgerufen am 22.02.2024

12 Ranko, Annette; Lotz, Marko; Abu Ghazaleh Hala, Haase, Imke, »Dezentralisierungsbemühungen in Jordanien. Die Wahl der Kommunal- und Regionalräte im August 2017«, Amman 2017, online unter de/web/jordanien/laenderberichte/detail/-/content/dezentralisierungsbemuehungen-in-jordanien, abgerufen am 22.02.2024

13 Arab Center Washinton D.C. (Hrsg), Asi, Yara M., »Women at Work in the Arab World: Trends, Gaps and Effects on the Region«, online unter /resource/women-at-work-in-the-arab-world-trends-gaps-and-effects-on-the-region/, abgerufen am 15.02.2024

14 ebenda

15 *Forbes Middle East*, »100 most powerful Arab Businesswomen«, online unter www.forbesmiddleeast.com/list/100-most-powerful-arab-businesswomen, abgerufen am 15.02.2024

16 Duerden, John, »Marokkos Fußballerinnen. Vorreiterinnen im arabischen Frauenfußball«, Qantara.de, 11.09.2022, online unter https://qantara.de/artikel/marokkos-fußballerinnen-vorreiterinnen-im-arabischen-frauenfußball, abgerufen am 15.02.2024

17 Duerden, John, »Sport. Marokko, Erfolgfreiche Pionierinnen aus Marokko«, Deutsche Welle, 31.08.2022, online unter www.dw.com/de/marokkos-fußballerinnen-vorreiterinnen-im-arabischen-raum/a-62979598, abgerufen am 15.02.2024

18 »Deutsche trainiert erste Frauenfußball-Nationalmannschaft Saudi-Arabiens«, Qantara.de 17.08.2023, online unter https://qantara.de/meldung/deutsche-trainiert-erste-frauenfußball-nationalelf-saudi-arabiens, abgerufen am 22.02.2024

19 Bayat, Asef, *Life as Politics, How Ordinary Peple Change the Middle East,* Redwood, CA, 2013, S. 96
20 *Understanding Masculinities,* ebenda
21 *Understanding Masculinities,* S. 95
22 Hashem, Kaitlyn, »Arabische YoutTuber zeigen neue Familienbilder. Wenn das Private politisch wird«, Qantara.de, 23.08.2023, online unter https://qantara.de/artikel/arabische-youtube-stars-zeigen-neue-familienbilder-wenn-das-private-politisch-wird, abgerufen am 22.02.2024
23 Familie Moshaya auf Youtube, online unter www.youtube.com/results?search_query=moshaya, abgerufen am 15.02.2024
24 Dialmy, Abdessamad, »The Transitional Arab Masculinity, Men in Movement«, III. Vortrag auf der Konferenz Decolonizing Masculinities: (Re)configuring Bodies, Affects and Politics, November 2017, Barcelona, online unter www.youtube.com/watch?v=RRu8IhUuAao, abgerufen am 15.02.2024
25 Dialmy, Abdessamad, *Vers une nouvelle masculinité au Maroc,* Paris 2017
26 Dialmy, Abdessamad, ebenda
27 Kadiri, Ghalia, »Au Maroc des hommes militent pour une ›masculinité positive‹«, *Le Monde,* 15.12.2020, online unter www.lemonde.fr/afrique/article/2020/12/15/au-maroc-des-hommes-militent-pour-une-masculinite-positive_6063471_3212.html, abgerufen am 22.02.2024
28 Interview mit Hicham Houdaifa, Machi Rojola 2016, online unter https://machirojola.ma/whatre-people-buzzing-about-your-content-should-join-the-conversation/, abgerufen am 22.02.2024

Welche Zukunft für den arabischen Feminismus?

1 »Women's empowertment and youth engagement are top priorities of social reform«, Saudi Vision 2030, online unter www.vision2030.gov.sa/en/, abgerufen am 19.05.2024
2 Callen, Tim, »Four Indicators to Track Saudi Reform Progress«, The Arab Gulf States Institute in Washington, 31.1.2024, online unter: https://agsiw.org/four-indicators-to-track-saudi-reform-progress, abgerufen am 19.05.2024
3 »Je ne peux autoriser ce que Dieu a prohibé, ni interdire ce que le Très-Haut a autorisé.«, zitiert nach: Ibriz, Sara, Moudawana, »Tout savoir sur le projet de réforme", Média 24, 15. 03.2024, online unter https://medias24.com/2024/03/15/moudawana-tout-savoir-sur-le-projet-de-reforme/, abgerufen am 19.05.2024